Rêves lucides

La totalité des droits d'auteur pour cet ouvrage
reviendra à des associations protégeant
l'enfance et l'adolescence.

Dépôt légal : mars 2023
ISBN : 978-2-3824-0073-9
N° d'édition : SR00739 (R23033)

www.secretdetoiles.com

Olivier Cochet

Préfacé par Xavier Cornette de Saint Cyr

Rêves lucides

Explorez vos rêves pour mieux apprendre à les contrôler

Secret d'étoiles

« Assoiffés de liberté, les hommes ont d'abord conquis la terre, la mer et les airs.

Sûrs de leur force, ils ont ensuite colonisé l'espace pour se confronter à plus grand qu'eux.

Ivres de puissance, ils n'ont compris que plus tard que leur premier périple devait d'abord et avant tout être intérieur. Puisqu'en chaque être se nichent des univers encore plus vastes, denses et mystérieux que tout ce que ne pourra jamais contenir l'ensemble du cosmos, l'homme d'aujourd'hui doit au plus tôt apprendre à voyager dans son esprit.

Porté par ses rêves, peut-être atteindra-t-il un jour les délices de ces voyages pour mieux se connecter à ce qu'il possède en lui de plus profond. »

Le Grand Livre du rêve et de l'imagination,
Anonyme

PRÉFACE

J'ai le souvenir, jeune adolescent, d'être resté songeur, longuement songeur sur la première phrase d'une œuvre de Gérard de Nerval que j'ai infiniment aimée. Il s'agissait d'*Aurélia* et cette première phrase était : « Le Rêve est une seconde vie. » Il n'y avait pas d'un côté le rêve et de l'autre la réalité, mais tout au contraire un lieu où les deux se mêlaient et allaient jusqu'à former une unité.

Bien des années plus tard, certaines sentences du mouvement *New Age* demandaient (ou ordonnaient) de choisir entre rêver sa vie ou vivre ses rêves, le second choix étant valorisé et considéré comme seul intéressant, voire intelligent. Toujours ce besoin de dissocier, de tout envisager en forme binaire et manichéenne, et d'y inclure une échelle de valeur. Le rêve devait se confronter au réel, l'évanescent devait s'incliner devant le solide alors qu'il me semblait tellement naturel que les deux puissent cheminer tranquillement et s'alimenter l'un l'autre.

Un peu plus tard encore, lors du départ de la course océanique du Vendée Globe 2012-2013, une immense banderole sur les pontons des Sables-d'Olonne se détachait avec cette fantastique inscription : « Faites-nous rêver ! » Magnifique demande qui devait nous permettre à nous, Terriens, de vivre pleinement cette course par procuration et donc de hisser le rêve à la hauteur d'une nécessité quasi vitale. Comme une mise en pratique dans un monde maritime de l'incantation nervalienne.

En réalité, et quoi que puissent en dire certains tenants d'un matérialisme désenchanté, le rêve est au cœur de nos vies, il en est partie intégrante. Là où les subtilités vont émerger, c'est sur la place et le rôle que nous accordons aux rêves, c'est sur les interprétations et décodages que nous savons plus ou moins justement opérer, c'est sur la capacité que nous avons ou pas d'en être les spectateurs ou les acteurs. Olivier Cochet nous invite dans son ouvrage à prendre les choses en main. Si nous savons que nous sommes en train de rêver, eh bien, nous disposons d'un pouvoir, celui de détenir les manettes du rêve pour influer sur son contenu, sur son déroulé et même sur la manière dont ce déroulé peut se réaliser.

Reconnaissons d'emblée à Olivier une grande qualité, celle de la vulgarisation, qui implique de parfaitement maîtriser un sujet pour en faire apparaître juste l'essentiel et plus encore, de présenter cet essentiel de manière simple, fluide et finalement quasi évidente.

Entrons dans cet univers onirique. Il nous y convie et nous guide peu à peu, pas à pas. Entre exercices concrets et explications simples, il nous invite à jouer à l'onironaute, débutant puis davantage confirmé, afin d'aller explorer ce monde des rêves.

Pouvons-nous contrôler nos rêves ? Est-ce une manière de fuir la réalité ou, au contraire, une façon d'aller explorer un peu plus notre psychisme ? À quel moment le conscient prend-il le contrôle, quand peut-il le perdre, qu'en est-il de la possibilité d'induire, de maîtriser, pouvons-nous inviter nos peurs et les apprivoiser ? Voici de multiples questions dont notamment celle-ci : « Suis-je en train de rêver ? » Nous pouvons nous la poser dans la journée, quand nous sommes face à quelque chose d'inhabituel, qui nous étonne. Imaginez maintenant que vous vous la posiez quand vous êtes endormi, quand justement vous rêvez. C'est l'invitation de ce livre. Laissez-vous guider, laissez-vous surprendre, laissez-vous rêver.

Xavier Cornette de Saint Cyr
Coach thérapeute, écrivain et formateur
en intelligence relationnelle
http://xavierdesaintcyr.com

SOMMAIRE

INTRODUCTION

Comme le souligne la citation ouvrant cet ouvrage, les rêves sont de drôles de voyages vous reconnectant à des dimensions cachées que ne percevront jamais vraiment vos sens ou votre simple raison.

Aussi, si ces histoires que vous fabriquez chaque nuit peuvent se comprendre comme de mystérieux *road trips* imaginaires, les leçons et exercices que vous vivrez au sein de ces pages sauront aussi se concevoir comme une « étincelle » ne demandant qu'à jaillir de vos profondeurs, pour mieux venir contempler votre intériorité. À l'image d'une petite flamme que vous apprendrez à nourrir, le livre que vous tenez entre les mains sera justement conçu pour que ce feu se propage en vous et vous rende sensible aux différents appels que vous lance l'Invisible.

En apprenant à les entendre avec moi, je fais le pari qu'ils vous guideront au fur et à mesure de votre périple afin de vous aider à grandir et à mieux vous connaître. Gageons donc que ce livre saura impulser en vous ce désir de voyage.

Vous le constaterez très vite, les différents chemins que vous emprunterez seront tout aussi importants que la destination finale qui vous conduira à ces sommets où vivent cachés, et à l'abri des regards, les rêves lucides.

Régulièrement vécus comme le Graal de tous les explorateurs partant avec bravoure à la conquête d'eux-mêmes, les rêves lucides font partie d'une caste à part entière, avec ses règles, ses lois et ses rituels. À l'instar des corporations les plus prestigieuses, un code d'honneur pour y accéder vous sera donc demandé. Permettez-moi dès lors, chers lecteurs, de ne plus simplement vous qualifier de « voyageurs », mais d'« onironautes ».

Issues du grec *oneiros* (signifiant « songe ») et du latin *nauta* (signifiant « marin »), ces deux racines forment un nouveau mot qualifiant quiconque souhaitera sonder le plus loin possible les tréfonds et richesses de ses mondes intérieurs. Dans cette quête que nous vivrons ensemble, vous apprendrez ainsi à mieux cartographier chaque continent et chaque océan de vos mondes psychiques. Tels de nouveaux Magellan ou Christophe Colomb, vous connaîtrez l'ivresse de l'inconnu, la joie de la découverte... et la chance de saisir au plus près ce que vous êtes réellement au fond de vous-même !

Je vous souhaite donc de réaliser plein de beaux voyages. Accrochez bien votre ceinture. Les secousses vont bientôt commencer...

Olivier Cochet

CHAPITRE 1

MAÎTRISER LES BASES

Dans la première partie de cet ouvrage, vous trouverez les bases à maîtriser pour vivre au mieux vos premiers rêves lucides. Il ne viendra jamais à l'esprit de jeunes marcheurs débutants de monter tout de suite vers des pics aussi dangereux que ceux du Mont-Blanc ou de la cordillère des Andes ! Il en est de même pour les rêves. Impossible de s'intéresser aux rêves lucides si vous ne vous intéressez pas d'abord aux rêves en général.

Vous apprendrez – ou réapprendrez – donc dans les pages qui suivent à mieux réinvestir vos savoirs dans les « simples » rêves que vous faites chaque nuit en recoupant et mutualisant ce qui s'est dit et amassé au fil des siècles. Et ce, dans des domaines aussi variés que les sciences, la psychanalyse, la spiritualité ou l'ésotérisme. En croisant ces disciplines et à l'aide des outils les plus pointus à votre disposition, vous réaliserez néanmoins que le monde des rêves demeure toujours assez mystérieux. Pour le moment, face à nos limites et nos

nombreuses incertitudes, constatons avec humilité que nous ne sommes encore que de gentils hommes préhistoriques devinant péniblement ce que pourrait potentiellement leur apporter le feu. Nous brûlera-t-il les ailes pour nous égarer dans les dédales de notre imaginaire ? Ou nous permettra-t-il de mieux comprendre les richesses insoupçonnées que renferme chaque individu en son for intérieur ?
Face à ces multiples interrogations, je suis sûr que de futurs onironautes ne seront pas de trop pour aller baliser ce qui est fonctionnel et aussi, parallèlement, défricher de nouveaux territoires...

1| L'ANALYSE SCIENTIFIQUE

Si vous êtes âgé de plus de 15 ans, l'ensemble qui agençait le corps que vous aviez lorsque vous étiez bébé n'est plus du tout celui qui est devenu le vôtre. Constamment remis à neuf, ce qui vous constitue est, avec la régularité d'un métronome, reprogrammé en permanence. Celui ou celle que vous étiez en venant au monde n'a ainsi plus rien à voir avec celui ou celle que vous êtes en lisant ce livre.

REPROGRAMMATION, SOMMEIL ET ESSENCE

Tout a changé : de la plante de vos pieds à l'extrémité de votre crâne… et pourtant, fondamentalement, vous êtes toujours le ou la même. Sur les cent mille milliards de cellules qui vous composent, près de vingt milliards meurent tous les jours et sont automatiquement remplacées… sans que cela n'altère outre mesure votre personnalité.

POURQUOI ?

Selon le célèbre neurobiologiste Michel Jouvet, les rêves que vous produisez chaque nuit lors de la phase de sommeil paradoxal assurent et maintiennent la préservation de ce socle garantissant votre identité profonde. Selon Tristan Moir, citant ici Michel Jouvet, *« le moment du sommeil serait le meilleur moment pour une reprogrammation du système nerveux, une reprogrammation génétique définissant nos traits particuliers face au conditionnement et à l'oubli. »*[1]

Dans ce sillage, le biologiste Francis Crick et le mathématicien Graeme Mitchison affirment la même chose. En comparant le cerveau de l'homme à un immense « *big data* mental » où s'amoncelleraient, pêle-mêle, quelques milliards de sons, images, odeurs et autres impressions stockées et accumulées durant la journée, le rêve permettrait (en plus d'enfouir ce qui lui semble inutile) de renforcer l'essence même de ce que vous êtes au plus profond de vous-même[2].

ESSENCE ET IDENTITÉ

Ces postulats scientifiques, loin de vous perdre, doivent au contraire vous amener à vous poser de grandes questions, celles-là mêmes qui vous permettront d'avoir le

1. http://tristan-moir.fr/le-reve-et-ses-fonctions/les-5-approches-de-la-fonction-du-reve/
2. Francis Crick et Graeme Mitchison, « La Fonction du sommeil de rêve », *Nature*, 1983.

carburant nécessaire, tout à l'heure, lorsque vous irez voyager dans les mondes lucides. En effet, si le rêve vous permet de mieux percevoir cette « essence » suprême, sans doute vous faudra-t-il réfléchir à ce que vous êtes vraiment afin de pénétrer plus facilement dans les abysses de votre esprit.

LES GRANDES QUESTIONS À SE POSER POUR APPRÉHENDER AU PLUS PRÈS VOTRE IDENTITÉ PROFONDE

- Quelles sont mes valeurs et convictions ? En quoi et comment je me donne les moyens pour concrètement les mettre en place ?

....

....

....

- Quels sont mes buts et objectifs à cet instant de ma vie ? Les ai-je suffisamment nommés et explicités pour avancer sur mon sentier de vie ?

....

....

....

- Par quels moyens et à quels moments ai-je tenté de nourrir ma vie spirituelle et ma vie intime ?

....

....

....

- Quels sont les carburants humains dont je dispose, avec toutes les qualités qui sont les miennes, pour m'aider à être quelqu'un de meilleur ?

....

....

....

IMPORTANT

Ces questions ne sont pas une interrogation écrite ! Évacuez donc votre éventuel stress ou manque de confiance pour profiter de ce moment et simplement vous poser. Les rêves que vous faites ont pour vocation de vous montrer sous des aspects que vous ne voyez pas dans votre vie réelle. Réfléchir aux fondements mêmes de ce qu'est votre personnalité sera un point de départ intéressant qui vous donnera de précieuses pistes lorsque nous essaierons, dans le chapitre suivant, d'intégrer les grilles d'interprétation des rêves qu'offre la psychanalyse.

Avez-vous réussi – ou tout du moins cherché – à répondre comme il faut aux questions posées dans ce premier exercice ? Oui ?

Si je vous demande cela, c'est parce que je sais que les réponses que vous avez données ont probablement été compliquées à écrire, tant vous n'avez pas l'habitude de sonder ce qui se trame réellement dans les replis sinueux de votre conscience. Très souvent, ce que vous écrivez est étouffé, amoindri ou parasité par des années de manque de confiance ou de critiques faciles vis-à-vis de vous-même. La société consumériste qui nous entoure, les vies à mille à l'heure que nous vivons, nous obligeant à jongler perpétuellement entre différents impératifs (professionnels, familiaux, et j'en oublie !), ont fait de nous des zombies : des zombies plus facilement conditionnés à régler les problèmes extérieurs qui nous ralentissent que les désordres intérieurs que nous avons accumulés, plus ou moins à notre insu.

Quelles que soient vos réponses, donc, nul doute que vos écrits n'ont été qu'un pâle reflet de ce que votre être tout entier est prêt à vous montrer.

SE DÉCOUVRIR PAR LES RÊVES ET RÉALISER L'IMPOSSIBLE

Carl Gustav Jung, que nous apprendrons à mieux connaître dans le chapitre qui suit, aimait à dire :
« En chacun de nous existe un autre être que nous ne connaissons pas. Il nous parle à travers le rêve et nous fait savoir qu'il nous voit bien différents de ce que nous croyons être. »

Comme le rappelle Isabelle Arnulf, neurologue spécialiste du sommeil, *« en rêve, les muets parlent, les aveugles voient, les paraplégiques marchent, et la moitié des sourds entendent. Comment alors expliquer que quelqu'un qui n'a jamais entendu un son de sa vie entende sa voisine parler au téléphone dans son rêve ?*[3] *»*

La réponse à cette question résiderait dans le fait qu'il existe peut-être en chacun de nous avant notre naissance un programme génétique secret (c'est-à-dire inconnu) nous permettant de tout faire : voir, entendre, marcher, mais aussi jouer au violon un caprice

3. https://lejournal.cnrs.fr/articles/lever-le-voile-sur-les-reves

de Paganini, pratiquer à haut niveau un art martial, maîtriser plus d'une dizaine de langues... Autant de qualités enfouies que seul le rêve saurait activer pour mieux nous les transmettre dans la vraie vie. Cette théorie, longtemps qualifiée de mystique ou de farfelue, est donc aujourd'hui corroborée par la science, comme l'attestent par exemple les expériences sur ces nourrissons dans le ventre de leur mère, souriant et dormant avant même qu'ils ne réussissent à le faire une fois nés. Ces prédispositions, selon toute évidence, ne se cantonneraient pas aux activités imbibant notre vie intellectuelle, mais alimenteraient largement notre vie émotionnelle.

Toujours selon Isabelle Arnulf, le caractère menaçant et violent de certains rêves ne serait pas si négatif qu'on veut bien le croire et ne laisserait en rien présager des événements fâcheux puisque ces rêves-là « *nous préparent au danger, dans ce lieu sûr qu'est le sommeil, pour nous permettre de mieux l'affronter dans la vie réelle. Un peu comme un joueur d'échecs qui anticipe tous les mauvais coups pour gagner la partie*[4]. »

MIEUX APPRÉHENDER LA VIE RÉELLE

Autrement dit, l'immense réservoir émotionnel laissé à la disposition des rêves vous permettrait de mieux vous préparer face aux épreuves de la vie. Rien que ça. Si vous faites ainsi partie de celles et ceux oubliant régulièrement leurs rêves (nous verrons plus loin des techniques vous permettant de les garder en mémoire),

4. Ibid.

impossible d'oublier votre état émotionnel au moment du réveil. Tel un résidu de sensations issues de vos productions oniriques réalisées la nuit, les impressions que vous ressentez au lever du jour pourront dorénavant vous être profitables en les passant au filtre des enseignements révélés ci-dessus. Vous êtes angoissé sitôt les yeux ouverts et vous ne savez pas quoi faire de ce mal-être qui vous étreint sans crier gare ? Pas de panique ! Cette angoisse qu'une partie de vous vous a transmise ne sera qu'une manière d'être plus vigilant(e) lorsque vous démarrerez la journée qui s'annonce.

RÊVES ET ÉMOTIONS

Parce qu'il n'y a pas de bonnes ou mauvaises émotions, les rêves, dans leur infinie sagesse, vous rappellent ainsi que ces sensations qui vous traversent à chaque heure de la journée trouvent leur beauté, non pas lorsqu'elles vous sont livrées à l'état brut, mais lorsque vous décidez vous-même d'en faire quelque chose de grand, d'unique et de rare.

- **La joie,** par exemple, peut tout à fait vous complaire dans des illusions stériles tout autant qu'elle peut vous envoyer la fameuse décharge d'adrénaline que vous attendiez pour vous lancer dans quelque chose de constructif.
- **La peur** sait aussi vous figer et vous pétrifier sur place tout autant qu'elle sait vous éviter un malencontreux danger.
- **Le dégoût,** lui, a parfois le chic pour vous créer des vomissements qui saliront définitivement le beau tee-shirt que votre chéri(e) vous avait acheté pour votre anniversaire, mais il a également le mérite d'expulser

les aliments qui vous seraient nocifs pour votre organisme.

- **La tristesse** que vous éprouvez, quant à elle, menace de vous isoler si vous vous laissez happer par un méchant cercle vicieux, mais elle permet également, par les larmes qu'elle génère, de vous libérer en vous aidant à passer plus facilement à autre chose.
- **La colère,** enfin, a le pouvoir de réveiller en vous les pires pulsions que vous cachez, mais si elle est correctement canalisée, elle a parfois des effets très positifs en remettant sainement en cause celui ou celle qui vous aurait énervé(e).

PETIT EXERCICE

Fort de ce constat, faites le test qui suit lors de vos prochaines matinées dans le tableau ci-dessous, même si vous ne vous souvenez pas des rêves que vous venez de faire. Ayez le réflexe de ne pas vous réveiller trop vite ou d'aller trop précipitamment sur les nouvelles notifications de votre téléphone portable.

Essayez juste de finir en douceur la nuit qui vient de s'écouler et faites vagabonder vos pensées sans souci de logique ou de cohérence. Laissez venir ce qui vient à vous, tout simplement, en cernant progressivement les émotions qui remonteraient à la surface. Sans les juger, regardez-les pour ce qu'elles sont et décidez ensuite de les diriger de façon positive afin de vous ancrer sur des objectifs concrets et épanouissants.

L'émotion que j'ai au moment du réveil
Exemple : je ressens une colère sans nom plutôt diffuse, mais tenace.

N'hésitez pas à faire régulièrement cet exercice. Non seulement il vous aidera à relativiser et à prendre de la hauteur, mais il vous donnera la mémoire nécessaire pour vous rappeler les nombreux rêves que vous faites chaque nuit !

Ce que je décide d'en faire dans ma journée
Exemple : je décide de me servir de cette colère pour mieux courir lorsque je ferai mon footing. Je m'inspirerai aussi comme je peux de la hargne qu'elle me donne, histoire de tenir et d'avoir l'énergie suffisante durant cette longue journée qui s'annonce.

QUELQUES TECHNIQUES POUR SE SOUVENIR DE SES RÊVES

- Faites l'exercice en page précédente dès que cela est possible. Les émotions matinales sont effectivement comme une pelote de laine dont le fil vous amènera directement devant l'écran de cinéma intérieur au sein duquel votre rêve fut vidéoprojeté !

- Évitez les aliments trop caloriques la veille, ainsi que l'alcool ou les médicaments trop lourds, comme les anxiolytiques.

- Gardez avant de dormir une intention puissante que vous vous adresserez clairement à vous-même. Ces suggestions, à terme, s'infiltreront dans les différentes strates de votre esprit et maintiendront votre mémoire en alerte (par exemple : « Ce soir, je vais faire de beaux rêves que je raconterai avec plaisir à voix haute une fois réveillé. »).

- Dans la lignée de ce qui vient d'être écrit, gardez près de vous un calepin ou un dictaphone sur votre table de chevet pour vous assurer que le rêve ne s'évaporera pas une fois sorti du lit.

- Choisissez un son de votre réveille-matin pas trop brusque pour ne pas vous déconnecter de votre nuit et mettez votre téléphone en mode « avion » en essayant de ne pas dormir trop près d'engins électriques, les ondes qu'ils propagent étant connues pour altérer les fréquences de votre organisme lorsque celui-ci est en phase de sommeil paradoxal.

2| L'ANALYSE PSYCHANALYTIQUE

À la fin du XIXe siècle, suite à l'essor du mouvement des Lumières et du déclin progressif des mouvements religieux, des hommes de sciences se mirent à repenser complètement la grille d'analyse des rêves. Viennent-ils seulement des dieux ou du diable ? Ne se pensent-ils vraiment qu'à l'aune des textes bibliques ou bien peuvent-ils éventuellement s'appréhender par d'autres approches que les progrès scientifiques sauront justement mieux mettre en lumière ?

C'est dans ce contexte que la psychanalyse voit le jour en Autriche en envisageant non plus le monde des rêves comme la projection de conflits venus des cieux (ou des enfers !) mais comme un jaillissement qui serait d'abord et avant tout intérieur…

SIGMUND FREUD

Souvent sous le joug des traditions religieuses ou spirituelles (que nous verrons un peu plus loin), l'analyse des rêves fut au XXe siècle singulièrement secouée par l'apparition et l'essor de la psychanalyse. Fondé par le neurologue Sigmund Freud (1856-1939), ce nouveau champ d'études, quoi que l'on en dise, a eu le mérite de dépoussiérer de ses oripeaux mystiques les grilles d'analyse alors en cours. Longtemps perçus comme des messages cosmiques venus des dieux (ou des démons) des grandes religions qui avaient façonné l'histoire de notre humanité, les rêves avec Freud, pour leur part, ne venaient plus des cieux (ou des enfers), mais plutôt d'une drôle de boîte noire issue de notre cerveau nommée « inconscient ».

| QU'EST-CE QUE L'INCONSCIENT ?

Pour en faire une image simple, représentez-vous dans une ville une décharge sauvage immensément grande, mais assez reculée pour ne pas alerter les autorités. Dans cet endroit mal famé, tous les détritus et autres encombrants seraient jetés dès lors qu'ils ne seraient plus conformes aux normes sociétales. Cette métaphore basique – mais efficace – va vous donner une idée à peu près claire de ce que le psychanalyste autrichien comprenait en développant ce nouveau concept baptisé « inconscient » : une sorte de dépotoir psychique où le patient, par les rêves, jetterait ses pulsions (souvent sexuelles) et autres frustrations.

Vous voilà donc avertis. Avec Freud, vous ne jetez pas seulement à la benne à ordures vos sombres désirs mal assouvis, mais aussi votre pudeur et votre côté « coincé ». Pas de pudibonderie ou de prêchi-prêcha moralisant, la grille freudienne, en analysant vos rêves, va aller sonder tout le fumier que vous avez enfoui derrière vos bonnes manières pour mieux traquer vos obsessions cachées.

Exemple

***Prenons l'exemple d'un vrai rêve d'une patiente, analysé en cabinet** :*

« Enseignant dans une salle de classe, je vois une élève nommée Philippine, sucette à la bouche, en train de frotter une règle contre sa trousse pour mieux faire dresser en l'air de gros bouts de papier. Je la regarde la gorge sèche et prends un des papiers qui s'est collé contre la règle et sur lequel se trouve écrit le mot « Luxées ». Je ne sais pas pourquoi, mais je pense à une échelle et aux jambes de mon mari qui vient de se déboîter le genou dans la vraie vie en jouant au foot avec son petit-fils Joab dans un bocage. Curieusement, en pensant ainsi à mon mari, je le vois plus jeune avec une veste en poils hérissés et une ceinture en cuir, des vêtements qu'il n'a jamais eus dans le monde réel. »

Alors, que vous inspire ce rêve ? Très riche et très dense, je suis sûr que ses allusions sexuelles, littérales comme symboliques, ne vous auront pas échappé. La « sucette à la bouche » est explicitement une référence érotique, tout comme les expressions « dresser en l'air » et « poils hérissés ». De toute évidence, ma patiente, tout juste ménopausée, souffre d'un vide dans sa vie intime qu'elle ne parvient plus depuis longtemps à compenser. C'est tout ?

ÇA, MOI ET SURMOI

Si l'inconscient freudien se comprend largement comme une déchetterie intérieure où s'entasseraient chaque jour des piles de « gravats » plus ou moins avouables, il fut aussi compartimenté par son inventeur par 3 instances « psychiques » qu'il va vous falloir aussi nettement distinguer : le ça, le moi et le surmoi.

COMMENT FONCTIONNE NOTRE PSYCHISME : L'HYPOTHÈSE DE L'INCONSCIENT CHEZ FREUD

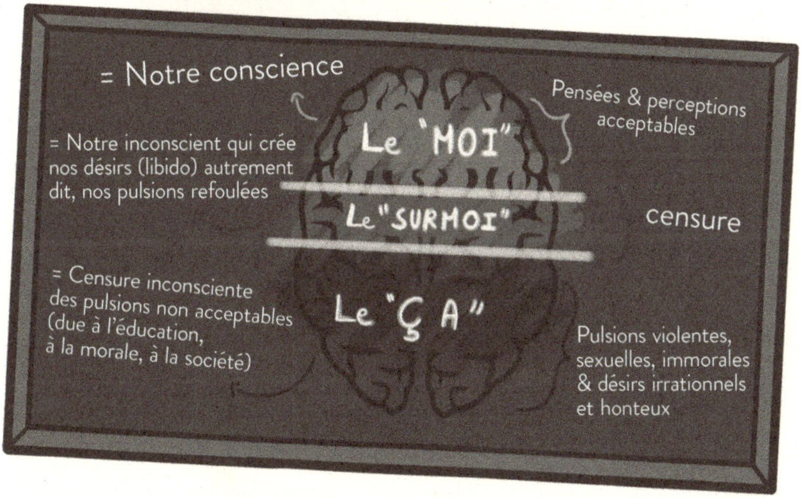

Le « ça », siège des pulsions les plus refoulées, pourrait se voir comme une bête sauvage ne pensant qu'à assouvir sans aucun souci de morale ce que lui dicte son instinct capricieux à longueur de journée. **Le « surmoi »,** lui, serait l'équivalent d'un juge ou d'un homme politique ultraconservateur, réduit à censurer des informations qui lui sembleraient choquantes. Dans cet entre-deux se trouve **le « moi »,** directement lié à la conscience et au monde réel. Écartelé par ces 2 instances, il souhaite désespérément contenter tout le monde en sachant bien que sa tâche est vouée à l'échec.

Cette nouvelle topographie de l'inconscient vous fait à présent certainement comprendre la raison pour laquelle vos rêves sont si souvent obscurs, voire incompréhensibles. Saturés de symboles qu'a prudemment construits le surmoi durant leur projection, ils viennent à vous, chargés de sous-entendus, rassurant ainsi votre conscient, beaucoup plus à cheval sur les bonnes manières.

Comment repérer, dès lors, ces différents cryptages afin de mieux décoder vos productions oniriques ?

Si la liste de ces messages codés est sans fin (un livre, à lui seul, ne suffirait pas à les énoncer tous), vous pouvez néanmoins vous reposer sur les quelques procédés suivants :

- **Les homonymies et jeux de mots :** mer/maire/mère, vert/verre, vair/vers, les cahiers/lait caillé, etc.
- **Les paronymies :** honneur/horreur, bateau/râteau, ciel/miel, etc.
- **Les anagrammes :** luc/cul, olivier/voilier, mâle/lame, etc.
- **Les contrepèteries :** « À moi, Comte, deux mots ! » (Corneille, *Le Cid*, II, 2). Ce qui donne : « À moi, Motte de cons ! »
- **Les images ou mots aux sens multiples :** l'« avocat » en tant que fruit/l'« avocat » en tant que métier ; la « côte » comme une pente/la « côte » comme un rivage maritime, etc.
- **Les expressions prises dans leur sens littéral :** de façon littérale, le rêveur voit quelque chose que l'analyse révélera dans son sens littéraire... comme un per-

sonnage qui a un trou dans le nez pour mieux faire comprendre qu'il a eu le « nez creux » !

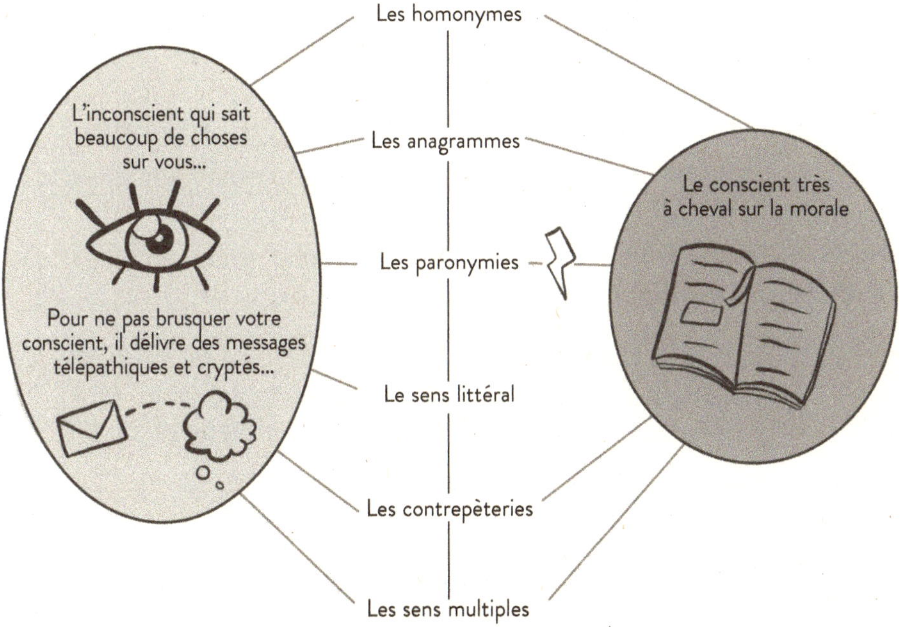

Vous voulez quelques exemples concrets ? Reprenons le rêve de ma patiente dans une salle de classe et vérifions, pour corroborer la version freudienne, comme les symboles cachés à teneur sexuelle sont absolument omniprésents !

En évoquant le métier d'enseignant (en saignant ?), la règle de l'élève (les menstruations passées de la patiente ?), sans oublier son prénom (avec sa dernière syllabe évoquant le sexe masculin), impossible de ne pas valider l'atmosphère moite et sensuelle du rêve. Si la « gorge sèche » renvoie peut-être à la poitrine, elle peut aussi rappeler un autre trou (si vous voyez ce que je veux dire...) évoquant par transfert cet endroit si important dans le corps d'une femme. Quant au mot « Luxées », lu sur le papier, une rapide inspection vous montrera qu'il s'agit de l'anagramme de « sexuel » ! Autant de nouvelles données, utiles à l'interprétation, qui aideront la patiente à verbaliser cette ménopause qu'elle est en train de traverser pour mieux se réinventer dans sa vie de femme ainsi que dans sa vie de couple.

QUELQUES RÊVES-EXERCICES... TRAQUEZ ET DÉNICHEZ EN BON ONIRONAUTE LES POTENTIELS SYMBOLES CACHÉS DES RÊVES CI-DESSOUS...

Rêve n° 1

Je suis célibataire depuis 2 ans. Dans un de mes rêves, mon grand-père, pourtant décédé depuis de nombreuses années, et réputé pour avoir été de son vivant très strict avec mon père, me dit des mots incompréhensibles, avec la chemise débraillée et un verre à la main. Il me montre un Pinot noir, ainsi que le cul de sa bouteille. Il finit par me murmurer : « quinze, quinze, quinze !!! ».

Rêve n° 2

Cela fait 2 ans que j'essaie de quitter ma compagne qui me menace de mourir si je franchis le pas. Dans un de mes rêves, je me vois à la table d'un restaurant en train d'essayer de déglutir des serpents. Le serveur vient me voir et me donne une statuette à mon effigie, ainsi qu'un marteau. Je vois bien qu'il voudrait que je brise la petite figurine.

Rêve n° 3

Suite à une conversation avec un ami, j'ai reparlé de la mort de mon père. Le soir même, je fais un drôle de rêve où je me vois en Serbie, pays où je n'ai jamais mis les pieds. Je suis dans un zoo. Je regarde un tapir et je fonds aussitôt en larmes. Je me réveille, très angoissé.

Rêve n° 4

Après 4 mois de sevrage, je me suis remis à fumer un soir après une soirée entre amis. La même nuit, je rêve d'une Tsigane qui essaie de me séduire. Elle me plaît, mais je sais que je ne vivrai jamais avec elle, elle ne sera pas la femme de mes enfants. Gareth, mon cousin anglais, me dit, en tentant de m'imiter devant un miroir, que je ne devrais pas me poser autant de questions. Par magie, il se fractionne en 6 fois devant la glace. Je suis horrifié et pousse un cri qui me réveille aussitôt !

Rêve n° 5

Je révise avec une amie un cours pour un examen. Avec ses petites lunettes et son livre de mythologie grecque à la main, elle me plaît vraiment beaucoup, mais finit par me dire : « Bourre-les, bourre-les ! » Comme je ne comprends pas ce qu'elle veut dire, elle me répondra en se moquant de ma lourdeur d'esprit : « j'en peux plus des mots grecs ! »

LES RÉPONSES DE L'EXERCICE...

Rêve n° 1

Dans ce rêve très sexuel, on pine haut (Pinot) et fort en montrant son cul (de bouteille)... tout en poussant à la consommation ! « Quinze », n'est-il pas l'anagramme de « niquez » ?

Rêve n° 2

Littéralement, cette personne lui fait manger des couleuvres. Tout aussi littéralement, le serveur lui-même voudrait que le rêveur se casse !

Rêve n° 3

La Serbie semble montrer que le rêveur est brisé (Serbie/brisé ?), beaucoup plus qu'il ne voudrait bien le croire. La piste est à explorer, car la vue de ce tapir le faisant exploser en sanglots lui rappelle bien que son père est définitivement parti (tapir/parti) !

Rêve n° 4

Ce rêve rappelle au rêveur sa mauvaise conscience par rapport à la cigarette (Six Garet ?). La Tsigane, à elle seule, n'est-elle pas l'anagramme de Gitanes ?

Rêve n° 5

La supposée lourdeur d'esprit du rêveur est-elle là pour souligner son complexe par rapport à sa lourdeur physique ? (Le terme « bourre-les » peut s'entendre « bourrelets ».) Quant à l'expression « J'aime pas les mots grecs », elle pourrait être la contrepèterie de : « J'aime pas les gros mecs » !

EN CONCLUSION

De manière générale, ces exercices doivent vous amener à penser que tout dans un rêve est potentiellement crypté.

Un personnage, par exemple, peut tout à fait être une projection de vous-même que vous ne voulez pas voir, un rappel de l'existence de cet individu ou encore un être de substitution que votre surmoi aurait maquillé pour ne pas effrayer votre conscient (un ogre, par substitution, peut rappeler au rêveur un père violent). Le raisonnement est identique pour les lieux. Ces derniers peuvent vous rappeler un endroit qui fait sens par rapport à une période de votre vie (l'école où vous étiez adolescent, l'appartement dans lequel vous viviez étudiant, etc.). Il peut également, dans un sens plus abstrait, vous évoquer un conseil qui serait à prendre de façon figurée (rêver d'Amérique pour penser à un Nouveau Monde et à un nouveau départ).

Il en est de même pour les choses et objets qui vous entourent. Ils peuvent renvoyer aux objets en tant que tels, mais ils peuvent aussi être un outil symbolisant un message important (un aspirateur peut allégoriser un besoin urgent de nettoyer vos pensées parasites se logeant depuis trop longtemps dans votre esprit !).

Un personnage	**Projection de vous-même**
	→ Rappel opportun de l'existence de cet individu → Personnage de substitution
Un lieu 	→ Rappel concret de ce lieu et ce qu'il vous évoque → Message symbolique
Un objet 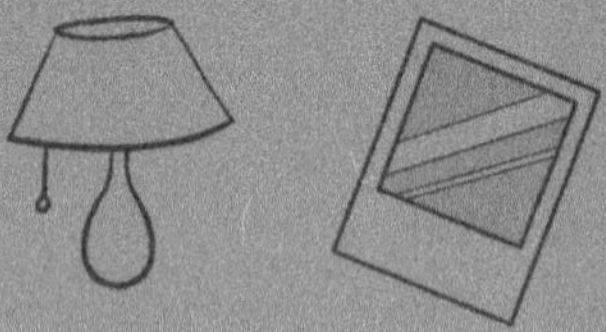	→ Rappel concret de cet objet et ce qu'il vous évoque → Message symbolique

CARL GUSTAV JUNG

Carl Gustav Jung, cofondateur de la psychanalyse, osa pour sa part une autre théorie, largement complémentaire aux idées freudiennes. D'après lui, les rêves seraient comme une projection dont la source viendrait d'une énorme matrice à l'intérieur de laquelle seraient branchés tous les esprits humains.

À l'image d'un disque externe, votre cerveau, en rêvant, se brancherait à une « unité centrale » où résideraient tous les grands archétypes de l'histoire humaine. Dans ce *no man's land* un peu particulier, vous chercheriez dans vos productions oniriques une sorte de plénitude pour mieux (re)découvrir à travers des symboles votre « anima » (votre part féminine) et/ou votre « animus » (votre part masculine)[1].

1. Ces propos sont largement repris et développés dans mon autre ouvrage *Onirothérapie*, paru aux éditions Jouvence.

| NOUVELLE GRILLE D'INTERPRÉTATION

En tirant profit de cette nouvelle grille d'analyse, il est certain que le rêve de ma patiente, précédemment expliqué à l'aune du prisme freudien, saura retrouver de nouvelles significations. Remettons-nous en tête le rêve en question :

« Enseignant dans une salle de classe, je vois une élève nommée Philippine, sucette à la bouche, en train de frotter une règle contre sa trousse pour mieux faire dresser en l'air de gros bouts de papier. Je la regarde la gorge sèche et prends un des papiers qui s'est collé contre la règle et sur lequel se trouve écrit le mot « Luxées ». Je ne sais pas pourquoi, mais je pense à une échelle et aux jambes de mon mari qui vient de se déboîter le genou dans la vraie vie en jouant au foot avec son petit-fils Joab dans un bocage. Curieusement, en pensant ainsi à mon mari, je le vois plus jeune avec une veste en poils hérissés et une ceinture en cuir, des vêtements qu'il n'a jamais eus dans le monde réel. »

Cette Philippine, sucette à la bouche, plus que des pulsions cachées, ne symbolise-t-elle pas l'*anima* de la rêveuse poussant cette dernière à complètement repenser sa féminité ? Et son mari, avec ses genoux luxés, ne montrerait-il pas son *animus* boitillant, incapable d'avancer et de prendre les décisions nécessaires ?

Cette symbolique, dès lors, peut vous amener à prendre en compte le tableau suivant pour mieux cerner, à chaque rêve, les différentes formes que pourrait prendre votre animus et/ou anima.

Anima (part féminine)	Animus (part masculine)
Inspiration et intuition	Protection et force
Passif[2]	Actif
Lune	Soleil
Intelligence émotionnelle	Passage à l'acte et prise de décision
Ciel	Terre
Gauche	Droite
Fée, sorcière	Mage, sorcier ou prince, ogre, etc.
N'importe quel personnage féminin de votre entourage	N'importe quel personnage masculin de votre entourage

PERSONA, OMBRE ET SOI

Pour être parfaitement complet, notons que l'inconscient jungien ne se divise pas nécessairement selon les 3 instances freudiennes (ça/moi/surmoi), mais préférera opposer la **persona** (le personnage conscient que nous projetons dans le regard des autres) et **l'ombre** (cette partie de nous qui ne se connaît pas et dont l'existence même est, par essence, fortement ignorée). Dans ces jeux de va-et-vient émerge le fameux **Soi**, cette partie de nous dépassant notre conscience et acceptant une forme de connexion avec les mystères des mondes invisibles.

2. Passif/actif sont des archétypes multimillénaires et donnés ici à titre indicatif. Ils ne définissent en rien la « passivité » ou l'« activité » de l'homme ou de la femme.

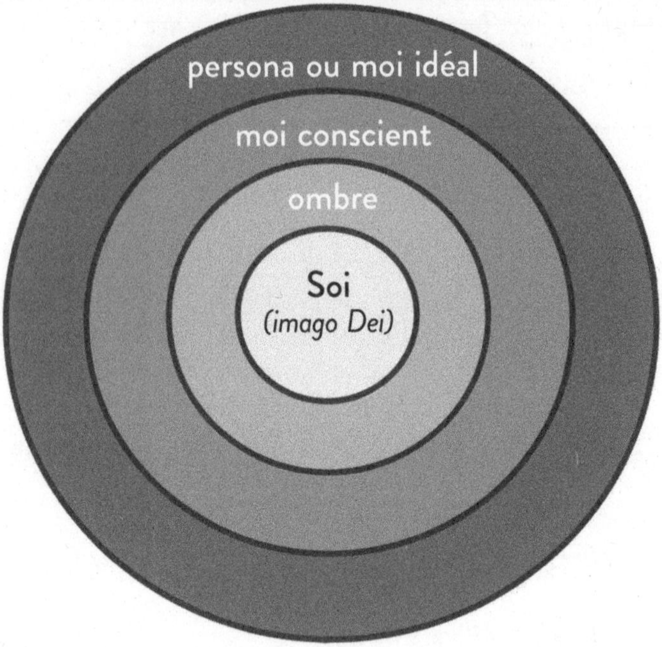

Vous avez compris ? Oui ?

Alors c'est parti pour une nouvelle salve de rêves ! À vous de voir ce qu'ils renvoient de freudien, mais aussi – et surtout – de jungien. Soyez précis et constructif !

QUELQUES RÊVES-EXERCICES... TRAQUEZ ET DÉNICHEZ EN BON ONIRONAUTE LES POTENTIELS SYMBOLES CACHÉS DES RÊVES CI-DESSOUS...

Rêve n° 1

Une araignée tourne autour de moi et finit par se jeter sur ma bouche ! Je l'avale malgré moi, horrifiée, devant mon père qui se marre. (Rêve de Stéphanie, 20 ans)

Rêve n° 2

Je vais en Europe de l'Est sur une autoroute longiligne. Tous les 10 mètres, je vois des pancartes de mannequins siliconées, au sourire carnassier. Je marche comme je peux, le souffle court, le long de la voie en attendant impatiemment ma destination : Sofia, capitale de la Bulgarie, pays où je n'ai jamais mis les pieds. (Rêve de Paul, 17 ans)

Rêve n° 3

Je suis sur une scène de théâtre et je joue le rôle de la femme invisible ! Devant moi, il y a les spectateurs, mais ils sont plongés dans le noir. Je ne vois rien et suis terrifiée. Tout au fond de la salle, un ange, très lointain, me regarde. J'ai l'impression qu'il sourit tendrement. (Rêve de Johanna, 57 ans)

Rêve n° 4

Je me sens très stressé. Pourquoi ? Parce que je suis dans un avion, piloté par Brad Pitt. Je le sens plus que je ne le sais, car la cabine est solidement verrouillée à triple tour. L'avion est obligé d'amerrir. Je sors de l'avion et plonge dans l'eau pour mieux rencontrer les dauphins. (Rêve de Gérard, 49 ans)

Rêve n° 5

Je rencontre Gandalf tel qu'il est dans le film *Le Seigneur des anneaux*. Il se noie et me supplie, du canot où je suis, de l'aider. J'ai du mal à l'entendre, car j'ai dans les oreilles des écouteurs me crachant une chanson. J'entends des paroles qui me hurlent dans les oreilles : « Rubbish, rubbish... » (Rêve de Amel, 32 ans)

LES RÉPONSES DE L'EXERCICE...

Rêve n° 1

L'araignée, à qui on peut prêter le pouvoir de manger le mâle après l'accouplement, est clairement ici la représentation d'une anima négative. La rêveuse, a-t-elle éteint sa féminité pour ne pas avoir à subir les remarques paternelles ? Ou bien l'a-t-elle au contraire surexploitée pour provoquer ? Le père qui se marre (renvoyant à un animus qui a lui aussi été perverti) ouvre la question qu'un entretien avec la rêveuse permettra d'expliciter.

Rêve n° 2

La route vers l'est, direction du lever du soleil, peut symboliser le besoin de se reconnecter à l'animus. A priori, *un animus mieux assumé permettrait au rêveur de voir la figure féminine de façon moins outrancière et plus mesurée. L'anima du rêveur, biaisée par des diktats sociétaux, mériterait aussi qu'on lui apporte quelques leçons de sagesse (*Sophia *en grec signifie « sagesse ») pour ne plus être constamment fantasmée...*

Rêve n° 3

La femme invisible, en tant que rôle théâtral, peut être perçue comme la persona de la rêveuse. Le public plongé dans l'obscurité pourrait, quant à lui, représenter l'ombre. Dans les deux cas, la rêveuse pense être transparente... Heureusement, par-delà la pénombre, l'ange, figure du Soi lui rappelle qu'elle a les ressources nécessaires pour retrouver la lumière.

Rêve n° 4

Brad Pitt, enfermé dans sa cabine, montre un animus qui a été complètement séparé de l'anima, symbolisé ici par la mer (la mère ?). De toute évidence, le rêveur doit cesser de jouer un rôle pour mieux replonger dans ses parties féminines. C'est à ce prix qu'il retrouvera sa figure du Soi (incarné par le dauphin). Par cette nouvelle connexion, nul doute qu'il trouvera une forme de transcendance (l'amour ?) pour redonner un nouveau sens à sa vie...

Rêve n° 5

Gandalf, figure du Soi, est ici rendu inaudible par la musique, et peut être une extension de la « persona », représentant tous ces bruits qui nous entourent au quotidien. Sans nul doute la rêveuse devra-t-elle, après avoir sauvé le mage, enlever ses écouteurs pour mieux entendre ce que ce dernier aura à lui dire...

3| L'ANALYSE SPIRITUELLE ET RELIGIEUSE

« Dieu est le rêve des pauvres, et le diable la folie des puissants. »

Henri Gougaud

Depuis l'Antiquité, notamment chez les platoniciens, notre âme est déjà une parcelle de divinité. C'est par le rêve que nous pouvons nous reconnecter à elle pour mieux saisir l'essence même de ce que nous sommes, débarrassés de cette gangue terrestre dans laquelle baignent régulièrement nos pulsions et nos illusions.

Même état d'esprit chez les Grecs et les Romains : les personnes souhaitant aller mieux se rendaient au temple d'Asclépios (ou Esculape) pour se purifier afin de mieux recevoir par les rêves une ordonnance d'un dieu faisant office de prescription.

Plus qu'un lien avec des facettes inconnues logées à l'intérieur de nous-mêmes, le rêve nous relierait donc à quelque chose de plus haut, de plus grand et de plus pur que notre petit « moi ». Vous l'aurez compris, l'idée n'est pas ici de vous convertir par un discours prosélyte. Si le mot « Dieu » vous gêne et ne fait pas partie de votre vocabulaire, remplacez-le par des termes adéquats qui correspondraient à vos valeurs, avec des termes comme « Amour », « Conscience », « Mystère », « Destin » « ou « Valeurs supérieures ». L'essentiel est que vous trouviez quelque chose capable de transcender les limites de votre ego. On y va ?

L'APPROCHE JUDÉO-CHRÉTIENNE

« Quand nous fermons les yeux, de toutes les parties du corps l'énergie voyage vers le cœur et c'est comme les animaux entrant dans l'arche de Noé… Les eaux montent

et l'arche commence à flotter. Puis la colombe s'envole et trouve le chemin des visions et des rêves. On ne devrait raconter ses rêves qu'à ceux qui nous aiment. »

Le Zohar

Si une grande partie du monde juif considère les rêves de façon suspicieuse (le prophète Zacharie ne dit-il pas que ces derniers sont « tout simplement des mensonges » ?), impossible pour autant de mettre sous silence d'autres grands penseurs qui ont su, à l'inverse, voir dans les rêves un moyen de s'élever. C'est le cas notamment du célèbre rabbin Maïmonide, considéré comme l'une des plus éminentes autorités du Moyen Âge, qui pensait qu'un grand nombre de prophéties révélées aux prophètes se faisait par le biais des songes, et par les songes seuls.

Grâce à ce biais, un nouveau canal serait donc possible pour fortifier la foi et se laisser illuminer par la grâce divine.

Même ambivalence chez les chrétiens. D'origine diabolique pour mieux perdre l'esprit des fidèles chez certains[1], le rêve peut aussi être un fabuleux outil de connaissance pour d'autres. C'était la conviction profonde de saint Thomas d'Aquin. Dans le sillage de

1. Le rêve est associé au terme *fantasma* (relatif au diable et à son art de tromper les autres). Ainsi associés, le rêve et Satan ne deviennent que les deux parties d'une même pièce, tous deux inspirateurs de faux rêves, fourvoyant l'esprit des fidèles par des images fallacieuses conduisant tôt ou tard à la perte de l'âme.

l'évêque Synésios de Cyrène (370-414), qui recommandait dans un recueil intitulé *Des songes* de tenir un journal des rêves pour mieux nous conduire vers la vraie nature des choses, le célèbre docteur de l'Église pensait lui aussi que le rêve, malgré ses dangers, était une voie royale permettant de se relier au Très-Haut.

L'APPROCHE DE L'ISLAM

Chez les musulmans, les divergences sont identiques : si le prophète Mahomet en personne a reçu de la part d'un ange la parole du Coran, il n'en reste pas moins que le rêve peut tout à la fois perdre ou retrouver, égarer ou redonner la flamme nécessaire dont a besoin le fidèle pour fortifier sa foi.

Cette dualité, on la retrouve, entre autres, chez Ibn 'Arabî, considéré par certains comme l'un des plus grands maîtres du soufisme, une branche mystique de l'Islam. Le théologien andalou estimait effectivement que chaque action terrestre existait simultanément sur plusieurs dimensions ; et que le rêve, de fait, devenait la preuve vécue de la multiplicité des états de l'être... D'où l'importance décisive de l'interprétation.

Pourquoi ? Parce qu'un rêve laissé en tant que tel ne vaut rien. Tiraillée entre différents mondes, phagocytée par une multiplication de symboles, l'essence du rêve se retrouve par le travail de celui ou celle qui aura fait l'effort de le purger.

En effet, en interprétant ses rêves, le rêveur transpose une forme brute reçue d'ailleurs pour mieux la remodeler en une autre réalité créatrice. Cette réalité-là, loin de n'être qu'une strate déconnectée et inaccessible de notre monde sensible, est au contraire une partie d'un tout... un tout nous permettant de mieux appréhender le monde qui nous entoure[2].

2. Selon le philosophe, le monde imaginal, ou 'âlam al-mithâl, est distinct du monde des réalités concrètes comme de celui de l'intellect, mais il se superpose au premier, comme une dimension supplémentaire.

L'APPROCHE BOUDDHISTE ET HINDOUISTE

« Brahmâ dort et s'éveille. Quand il dort, son rêve est la création cosmique. Quand il s'éveille, son rêve se termine. »

Yoga des six doctrines,
texte tantrique

Pilier de l'hindouisme et du bouddhisme, le rêve, comme le suggère la théorie des quatre états, fait partie des états de l'expérience humaine dont l'être doit se dégager pour réaliser l'union de l'âme individuelle et de l'âme universelle.

Quels seraient, expliqués de manière simple, ces fameux quatre états ?

- **Le premier est nommé « la veille »** (ou « connaissance des objets externes dont le domaine est celui de la manifestation grossière »). C'est l'état de base, le plus concret et le plus tangible.

- **Le deuxième est nommé « le rêve »** (*« qui a la connaissance des objets internes et dont le domaine est le monde de la manifestation subtile »*). Durant le rêve, l'esprit expérimente son pouvoir d'accroissement ainsi que l'extension de sa conscience. Selon la *Kaivalya Upanishad*, l'un des textes sacrés de l'hindouisme, « à l'état de rêve, l'âme incorporée goûte le bonheur et le malheur d'un monde des vivants construit par sa propre illusion ».

• **Le troisième, que l'on pourrait nommer « l'union »,** évoque cette âme qui, par-delà le rêve, se dirige « vers une forme de bonheur ». Dans le sommeil profond, souligne le même texte, l'âme s'approche de l'union avec l'universel : celui de la pleine conscience.

• **Le quatrième état, enfin, est impossible à mettre en mots :** il est innommable et « inétiquettable ». Selon les Sages, il est *« invisible,* [...] *indéfinissable, impensable, indescriptible. Il est unique, plénitude de Paix et de Béatitude, sans dualité. »*

Si cette vision du rêve, perçue comme un tremplin pour accéder à ce Grand Tout, est à l'inverse de nos esprits occidentaux, il n'en reste pas moins intéressant puisqu'il montre une vision inédite et largement contre-intuitive : l'acte de rêver n'est plus une sorte de « descente » conduisant aux reflets trompeurs des mondes irréels, mais bel et bien une ascension. Par le rêve, nous accéderions au véritable nirvana, seul lieu où l'éveil est possible.

L'APPROCHE HOLISTIQUE

Quels points communs et quelles leçons tirer de ces rapports qu'entretiennent les grandes religions avec le rêve ?

Quels enseignements pouvons-nous extraire de toutes ces précieuses informations dans notre monde d'aujourd'hui ?

Le résumé qui suit nous mettra sans doute sur la Voie.

CE QUE NOUS DISENT LES DIFFÉRENTES APPROCHES RELIGIEUSES PAR RAPPORT AU MONDE DES RÊVES...

- Le rêve, comme le supposait déjà Jung, ne viendrait pas uniquement d'une partie de notre enveloppe charnelle, mais d'un autre endroit, différemment baptisé selon les cultures, avec lequel nous serions reliés.
- Le rêve est une invitation permanente nous rappelant que notre monde n'est pas fait que de chair et de matière, mais aussi de matériaux plus subtils, invisibles à nos cinq sens, à notre raison et à notre intellect.
- Le rêve, de par sa richesse, est une manière de faire travailler ensemble notre raison, notre sensibilité et cette autre partie de nous admettant une forme de transcendance, quelle qu'elle soit, quel que soit le nom que nous voulons bien lui donner.

Impossible dès lors de ne pas voir dans le rêve un encouragement à dépasser notre ego et à transmuter ainsi les informations qu'il nous livre.

Comme le suggère humblement le dernier point, l'expérience du rêve ne serait pas complète si vous n'essayiez pas, même un petit peu, de voir en quoi ce dernier serait susceptible de vous amener à « transcender » les chagrins, les rancœurs, les regrets et tous les autres désaveux ayant cabossé votre petit cœur fragile...

Exemple

Profitons donc de ce nouvel état d'esprit pour considérer sous un angle « divin » le rêve de ma patiente en proie à quelques suées d'angoisse face à l'élève nommée Philippine...

Pour rappel : « Enseignant dans une salle de classe, je vois une élève nommée Philippine, sucette à la bouche, en train de frotter une règle contre sa trousse pour mieux faire dresser en l'air de gros bouts de papier. Je la regarde la gorge sèche et prends un des papiers qui s'est collé contre la règle et sur lequel se trouve écrit le mot « Luxées ». Je ne sais pas pourquoi, mais je pense à une échelle et aux jambes de mon mari qui vient de se déboîter le genou dans la vraie vie en jouant au foot avec son petit-fils Joab dans un bocage. Curieusement, en pensant ainsi à mon mari, je le vois plus jeune avec une veste en poils hérissés et une ceinture en cuir, des vêtements qu'il n'a jamais eus dans le monde réel. »

Ce drôle de rêve, à y regarder de plus près, semblerait bien être une réflexion hautement spirituelle offerte à la rêveuse. S'agit-il ici de raviver sa foi ? de ne plus penser uniquement par le prisme de ses démons d'antan ? Impossible de ne pas voir, dans tous les cas, notamment avec l'évocation de l'échelle, le besoin de dépasser de vieilles impressions. L'hypothèse est d'autant plus tentante que le « bocage », bizarrement évoqué, est une anagramme quasi parfaite de « Jacob » (tout comme le prénom du petit-fils Joab, à une lettre près !). Cette référence biblique très connue de la rêveuse (qui a eu une très stricte éducation catholique) lui rappelle ainsi qu'il existe au-dessus de cette classe un autre niveau de compréhension[3]. Pour y avoir accès, peut-être faudra-t-il voir, non plus le simple prénom de la jeune fille (Philippine), mais aussi son statut d'élève. Étymologiquement, l'élève n'est-il pas celui qui s'élève devant le savoir que lui inculque le professeur ? Encore faudrait-il que le professeur de ce rêve assume son rôle en ne s'égarant pas dans des illusions stériles et sans lendemain...

3. C'est suite à un différend avec son frère Esau que Jacob voit en rêve une échelle entre ciel et terre, d'où les anges descendent et montent. Dieu se révèle ainsi à lui et renouvelle l'alliance contractée avec ses pères.

Cette analyse vous a plu ? Oui ? Alors, continuons avec quelques exercices en essayant cette fois-ci d'analyser les rêves qui suivent en s'intéressant principalement au potentiel message spirituel qu'ils renferment… C'est parti !

QUELQUES RÊVES-EXERCICES… TRAQUEZ ET DÉNICHEZ EN BON ONIRONAUTE LES POTENTIELS MESSAGES SPIRITUELS CACHÉS DES RÊVES CI-DESSOUS…

Rêve n° 1 (Cindy, 19 ans)

Je rêve que je frappe des mains dans un immense mur de briques rouges. Ce mur, apparemment, me barre l'horizon à 360 degrés. Ma rage est telle que je sens mon poing en train de saigner.

Rêve n° 2 (Bernadette, 65 ans)

Je suis dans un zoo, un vieux zoo comme il pouvait y en avoir au début du XXe siècle. Pour me confirmer cette impression de vieillesse, je vois d'ailleurs dans le rêve tout ce qui m'entoure en noir et blanc. À un moment donné, je tombe sur la cage d'un gorille. Il me fixe avec haine et dégoût. Je sens très fortement que s'il n'y avait pas les barrières, l'animal me détruirait en un rien de temps. Je pars de sa prison en lui faisant un doigt d'honneur.

Rêve n° 3 (Marc, 32 ans)

Je marche tranquillement sur un chemin lorsque je vois au loin un collègue de bureau que je déteste viscéralement tant il est imbu de sa personne… à la limite du démoniaque ! Je vole immédiatement pour ne pas avoir à le croiser. En traversant les nuages, je sens la douce chaleur d'une brise qui me réchauffe le cœur instantanément.

Rêve n° 4 (Paul, 15 ans)

Devant un trou, je remarque en me baissant qu'un de mes super potes est en train de pleurer. Je saute dans le trou pour lui faire un câlin.

Rêve n° 5 (Léo, 19 ans)

Je suis dans ma chambre en train de fantasmer sur un poster accroché au mur où se trouve une actrice américaine aux formes très généreuses. Tandis que je commence à me faire plaisir tout seul, je tourne la tête en direction de la fenêtre. Un dragon – dont je n'aperçois que l'œil – me scrute d'un air avide.

LES RÉPONSES DE L'EXERCICE...

Rêve n° 1

Que faire de cette rage ? M'enivrer jusqu'à m'empoisonner par le goût du sang écorchant mes poignets ? Ou bien m'en servir à bon escient pour briser ce mur et retrouver une certaine liberté pour mieux m'ouvrir à de nouveaux horizons ?

Rêve n° 2

Beaucoup de violence latente dans ce rêve... jusqu'au doigt d'honneur qui vient clore de bien triste façon une histoire lourde de sens. Si cette violence peut parfois être une décharge salubre pour mieux compenser une tension que le rêveur ne parvient pas à dénouer dans la « vraie » vie, notons malgré tout que cette rage doit être étudiée. À quoi va-t-elle servir dans la vie du rêveur ? À libérer une dissension ou à nourrir un cercle vicieux ? Notons, pour clore sur une note positive, que l'énergie contenue du rêveur est extrêmement forte. Il y aurait donc assez de matière pour réfléchir à la meilleure façon possible d'utiliser tout ce carburant...

Rêve n° 3

Voilà un rêve-piège typique où l'élévation qui a lieu n'est qu'un leurre... illustrant une parfaite stratégie d'évitement. Plutôt que d'oser affronter ses démons, le rêveur se complaît ici dans des joies faciles, nourries par la peur de ce que crée en lui ce collègue infernal ! En l'évitant (en lévitant ?), impossible d'affronter sa part d'ombre et de mieux transmuter cette dernière en diamant brut. Le début d'une réelle élévation, dans ce cas, serait donc bien d'aider le rêveur à faire face à ses peurs pour mieux mobiliser les trésors cachés enfouis dans ses ténèbres qui sauront l'aider à évoluer.

Rêve n° 4

Où est ici la vraie amitié ? Tomber dans le trou pour mieux critiquer avec le camarade ce monde crasseux qui l'entoure ? Ou bien lui tendre la main pour l'aider à sortir de ce trou et respirer un air plus pur ?

Rêve n° 5

Dans les rêves, les formes qui font peur peuvent être de précieux alliés là où les « formes généreuses » ne feraient que nous engluer dans des pulsions n'assouvissant que nos bas instincts. Que veut-on voir en ce dragon ? Une créature poussant le rêveur à vivre constamment dans la peur ? Ou bien un être mythologique qui saura, par son feu, consumer et brûler tout ce qui l'enferre dans des chimères ?

L'explication du dernier rêve n'est d'ailleurs pas sans rappeler un conte venu d'Asie, l'un des seuls, à mon sens, rappelant qu'il n'appartient qu'à nous de rehausser l'intensité de nos productions nocturnes si tel est là notre souhait.

Il était une fois un homme rêvant d'un horrible dragon spécialement venu vers lui pour le terrasser. Horrifié, alors qu'il est à terre, le malheureux peut sentir le souffle des naseaux de l'animal. Pétrifié par la peur, il peut également voir ses yeux jaunes et intenses, inondés de colère... sans oublier le souffle fétide de sa gueule, visiblement prête à lui cracher du feu.

– Est-ce que tu vas donc me dévorer ? hurle le pauvre jeune homme, en parvenant mal à cacher ses larmes.
– Qu'est-ce que tu veux que je te dise ? répond le dragon. C'est ton rêve, pas le mien !

Vous l'aurez compris, il n'appartiendra qu'à vous, selon ce que vous souhaitez éclairer au fond de vous, de vivre de beaux rêves... ou pas ! Que souhaitez-vous vraiment, en votre for intérieur ? Être brûlé par un dragon ? ou bien vous laisser griser par la force des vents grâce à ce même animal qui vous portera au-dessus des nuages ? À vous de choisir.

4| L'ANALYSE ÉSOTÉRIQUE

Pour le dernier chapitre de la première partie de cet ouvrage, il m'importait de vous délivrer quelque chose de particulier, un message encore plus spécial que tout ce que je vous ai déjà transmis dans les pages qui précèdent.

QUE SIGNIFIE LE TERME « ÉSOTÉRIQUE » ?

Venant du grec ancien *esôteros* (signifiant « intérieur »), le mot « ésotérique » renvoie à quelque chose qui se transmet uniquement à quelques rares adeptes qualifiés et initiés. Pour comprendre ainsi la force cachée d'un message ou le pouvoir réel d'un enseignement, une initiation est possible pour de rares élus souhaitant au plus profond de leur être ne pas se contenter de la partie visible des choses du monde qui les entoure. Je ne vous parle pas ici d'« élu » qui aurait été choisi par une éventuelle instance supérieure et qui pourrait se permettre, du haut de son piédestal, de regarder le commun des mortels avec mépris. Je vous parle là d'une « élection » devant d'abord être intime et personnelle... que vous soyez homme ou femme, jeune ou vieux, chômeur ou même président de la République !

Vous voulez devenir un « élu » de la brigade onirique ?

RÊVES ET ÉSOTÉRISME

Parfait... alors travaillez, travaillez encore, n'oubliez jamais votre humilité (ainsi que votre sens de l'humour !) et lisez avec attention les lignes qui suivent...

En quoi de supposées révélations ésotériques auraient-elles un quelconque rapport avec le monde des rêves ? Ne vient-on pas justement de s'initier à des grilles d'interprétation précises pour mieux comprendre ce que ces drôles d'histoires avaient à nous dire ?

D'une certaine manière, oui.

Les premières pages de ce livre vous ont bel et bien distribué des connaissances particulières. Mais les autres dont je vous parle sont encore un peu plus spéciales...

Qu'ont-elles de réellement particulier ?

Disons pudiquement qu'elles défient le sens commun. Elles donnent des pouvoirs inouïs et exigent 2 sérieux prérequis à prendre en compte obligatoirement :

- Laisser tomber son mental.

- Se nourrir au plus près des premiers enseignements reçus (notamment sur les messages « divins » délivrés dans les rêves) pour mettre l'ego à sa juste place.

PETITE PARENTHÈSE

Comme vous l'a rappelé la première page de cet ouvrage, tous mes droits d'auteur pour ce livre reviendront intégralement à des associations protégeant l'enfance et l'adolescence. Si cette cause vous touche, vous pouvez indirectement aider ces enfants en déposant vos rêves à l'adresse mail suivante : cochet.therapeute@yahoo.fr. Une fois votre don effectué, chacun de vos rêves envoyés vous sera retourné dans les plus brefs délais, analysé et décortiqué par mes soins et ceux de mes meilleurs élèves afin de vous aider à mieux grandir et évoluer dans vos réflexions personnelles.

RÊVES ET CHAMANISME

Dans les enseignements chamaniques, par exemple, les rêves faits de minuit à 05 h 00 du matin sont ces instants privilégiés où les rêveurs du monde entier, guidés par leurs maîtres, se rassemblent pour travailler. Poussés par le besoin et l'impérieuse nécessité de penser à tous et au bonheur de tous, ils posent des balises dans tous les recoins de la psyché collective, celle-là même où tous les esprits humains se branchent pour nourrir chacun de leurs rêves personnels. Dans ces recoins et nombreuses anfractuosités, les rêveurs et leurs Maîtres pansent les plaies du passé, mais déposent aussi sans relâche les idées de demain, les grandes inventions du futur ou encore les nouvelles idées et sensations dont nous aurons tous besoin un jour pour mieux nous préparer face à ce que nous réserve notre avenir commun...

De telles légendes peuvent naturellement faire sourire nos esprits occidentaux. Ils n'en doivent pas moins se rappeler que ce livre, à sa toute petite échelle, peut lui aussi participer au bien-être collectif.

Rien ne vous empêche, ceci dit, de croire également à la légende chamanique que je viens de vous narrer. Elle n'est en rien incompatible avec l'acte altruiste d'acheter ce livre et de faire interpréter vos rêves par la brigade d'onironautes que je supervise. En effet, en prenant conscience de la portée humanitaire de votre achat, vous intégrez déjà l'idée que vos rêves participent, à leur manière, à la meilleure tenue de ce monde dans lequel nous vivons. Qui sait, avec un peu de pratique, peut-être finirons-nous par nous retrouver chaque soir, entre minuit et 5 heures du matin ? Là, avec les forces vives de nos esprits – et surtout de nos cœurs – nous formerons et lancerons notre fameuse brigade onirique.

| LA « MAISON DES RÊVES »

Comment venir me retrouver ? Et où ? Dans le cadre de ce livre, appelons cet endroit « la maison des rêves[1] ». Sa dénomination, selon les époques, les coutumes ou les croyances, a déjà eu des milliers de mots (l'inconscient collectif, le point Oméga, la noosphère, la Conscience, l'Aevum, Le Grand Tout, le Samsara ou le grand continuum de l'espace-temps). Pour ce qui nous concerne, l'essentiel est que nous mettions quelques

1. Le célèbre onirologue Robert Moss, dans son bel ouvrage *Les Portes du rêve* (Ada éditions), évoque cette maison légendaire en précisant qu'elle « a été construite par l'imagination active de différents enseignants et explorateurs. Elle est devenue de plus en plus solide et complexe au fur et à mesure que de nouveaux étudiants et grands voyageurs la visitaient et l'exploraient de plus en plus en profondeur. Vous verrez que vous pouvez y aller aussi souvent que vous désirez et qu'il est possible d'y donner rendez-vous à d'autres rêveurs. »

mots simples et jolis, avec une résonance suffisamment universelle pour mieux laisser venir tous ceux qui le souhaitent, sans distinction de race, de sexe, d'âge ou d'origine.

Dans ce lieu-là, l'espace et le temps, tels que nous les concevons, n'ont plus cours. Vous êtes au-dessus du passé et pouvez ainsi recolorer la mémoire humaine en allant porter secours à celles et ceux qui en auraient besoin. Vous êtes aussi au-dessus du futur, face à tous les scénarii possibles, ceux de notre monde, bien sûr, mais aussi ceux des différents multivers au sein desquels nous nous trouvons imbriqués. Cette perspective peut vous surprendre, mais elle n'a rien de très original, vous pouvez le croire.

Milton Erickson, le célèbre psychiatre américain qui a posé les bases de l'hypnose qui porte son nom (la fameuse hypnose ericksonienne) et que l'on utilise dans les hôpitaux, n'a pas hésité à modéliser des protocoles où le patient, en état modifié de conscience, part à la recherche de son passé et/ou de son futur pour mieux comprendre des points précis de sa psyché[2].

Le chercheur suédois David Ingvar, qui avait mis en évidence sa théorie sur la « mémoire du futur », voyait déjà notre cerveau comme une machine infatigable,

2. Ces protocoles, nommés « R.H.V. » (remodélisation d'histoire de vie) et « futurisation » (ou « pont vers le futur »), sont connus par tous les hypnothérapeutes expérimentés. Pour en savoir plus, lisez : *Hypnose*, d'Olivier Lockert aux éditions IFHE, p. 154.

capable de prévoir des éléments de notre avenir. À l'image du *Big Data* sur Internet, vous pouvez donc vous aussi entrevoir en rêve les mille et une possibilités qu'offrent l'avenir et les innombrables leçons que donne le passé. Ces leçons, vous pouvez les expérimenter pour mieux les repousser ou au contraire les attirer dans votre réalité afin de les ensemencer dans votre quotidien. Grâce à cette belle énergie, vous irez ainsi choper ces « psitrons », ces drôles de particules tout juste découvertes par la science et qui iraient plus vite que la vitesse de la lumière, et que le rêve, dans son génie créatif, parviendrait à capter[3].

3. Dans *Le Nouveau Dictionnaire de l'impossible* (Éditions Plon, 2015, p. 511) Didier Van Cauwelaert développe avec talent un article de Louis Benhedi et Pierre Macias du magazine *Le Monde des religions* (mars 2008). Il écrit, je cite : « En 1965, le mathématicien britannique Adrian Dobbs postule l'existence de particules infiniment petites, les psitrons, qui voyageant plus vite que la lumière et sans aucune perte d'énergie, opèrent dans une autre dimension du temps. Ces psitrons seraient capables ainsi de se téléporter d'un futur "possible" à un passé "réceptif". Étayant les travaux de Dobbs, et préparant ceux de son collègue anglais John Taylor, le physicien français Olivier Costa de Beauregard (1911-2017), à l'époque directeur de recherche au CNRS, soutient que nos cent milliards de neurones sont capables, de même qu'ils transforment notre passé en mémoire, de réagir à une information virtuelle venue du futur. Et ce par une "corrélation non locale, non pas entre particules, mais entre réseaux de neurones séparés dans le temps : des informations disponibles sur ce réseau de neurones, dans le futur de l'individu, seraient accessibles par ces mêmes réseaux, dans le présent." »

Pour parvenir à de tels états, voici ci-dessous un protocole efficace. Avec une pratique quotidienne et une bonne régularité, vous parviendrez à des résultats surprenants au bout d'une trentaine ou d'une quarantaine de jours... Si vous éprouvez des difficultés – ou souhaitez simplement tester des techniques pour fluidifier votre technique – n'hésitez pas à vous référer aux différents outils proposés dans la seconde partie de cet ouvrage (comme l'hypnose et l'autohypnose). Vos voyages gagneront en intensité...

VOYAGER DANS LE TEMPS GRÂCE À SES RÊVES...

1. Préparez votre séance et votre voyage temporel
Pour bien préparer le passé ou l'avenir que vous désirez expérimenter, pensez d'abord à le rêver, à l'imaginer, à l'entendre et à le sentir. Assurez-vous que vos intentions soient louables.

2. Utilisez un moyen de locomotion mental approprié et créez votre propre induction hypnotique
Votre seule limite est votre imagination ! Le plus important sera de choisir un engin de locomotion qui vous nourrisse et qui vous permette de mentaliser un GPS fiable pour arriver à bon port.

3. Projetez-vous dans l'avenir en vous immergeant dans la situation demandée
Soyez ouvert et disponible aux images, aux sons ou aux sensations que vous enverra votre inconscient. Ce dernier, comme un disque dur externe, se branche régulièrement à une « supermatrice » contenant la

mémoire de l'univers. Il peut donc avoir des « visions » que ne pourra jamais avoir votre raison, limitée dans un espace-temps beaucoup plus figé. Face à la situation passée ou future que vous avez projetée, observez ce qu'il y a à savoir.

4. Dormez et rêvez

Fort de vos voyages précédents, gardez dans votre cœur tout le flot d'éléments emmagasinés. Pour stabiliser ces impressions, contemplez également des images ou des dessins évoquant les lieux que vous souhaiteriez visiter, puis fermez les yeux en laissant venir le sommeil... Votre inconscient fera le reste !

5. Réveillez-vous

Revenez tranquillement dans le présent en tirant les leçons de votre voyage. Selon vos envies, prenez conscience des changements à effectuer par rapport à tout ce que vous venez de vivre. Agissez en conséquence pour opérer les bonnes transformations.

QUELQUES RÊVES PRÉMONITOIRES CONNUS...

Condamné à mort en 399 avant J.-C., le philosophe Socrate rêva d'une « dame blanche » qui lui annonçait la date de son arrivée dans la patrie d'Achille, au royaume de Phthie, précisément là où la tradition plaçait les héros défunts. Quelques jours plus tard, le navire qui devait suspendre l'exécution du jugement arriva... et Socrate dut boire sa ciguë.

Ward Hill Lamon, garde du corps et ami du célèbre président américain Lincoln, nous livre le récit fait par

Lincoln lui-même dans son livre *Souvenirs d'Abraham Lincoln* :

« [...] Je me trouvais dans une maison dans laquelle il y avait de la lumière dans toutes les chambres ; chaque objet m'était familier. J'entendais pleurer une foule que je ne voyais pas. En passant dans une chambre, je vis des soldats et une tombe. Je fus intrigué et alarmé. Quel pouvait être le sens de tout cela ? Déterminé à trouver la cause de ce mystère, j'aperçus un catafalque, sur lequel reposait un cadavre enveloppé dans des vêtements funéraires. Je me disais en moi-même : "Ce doit être quelqu'un d'important pour qu'il y ait autant de soldats autour." Je me suis arrêté et j'ai demandé qui était mort. Un soldat, les yeux rougis par les larmes, me répondit : "C'est le président qui a été assassiné." Puis je ressentis une grande douleur parmi la foule, ce qui me réveilla ensuite de mon rêve. »

Lincoln fut assassiné d'une balle dans la nuque, tout juste quelques jours après ce rêve, alors qu'il assistait à une pièce de théâtre à Washington...

Le 11 février 2013, une twitteuse du nom de @yolandademena publia le message suivant : *« Mon fiancé s'est réveillé hier soir à 4 heures du matin en disant qu'il avait rêvé d'un nouveau pape nommé François Ier et aujourd'hui Benoît démissionne. »*

Or, ce jour-là, on annonça précisément la démission du pape Ratzinger et la proclamation de Jorge Mario Bergoglio... qui allait devenir le pape François !

« Les rêves prémonitoires, la télépathie et tous les faits de cet ordre sont des intuitions. J'en ai constaté l'existence en quantité ; on en trouve chez les primitifs et partout dès qu'on prête attention aux perceptions qui nous parviennent à travers les couches subliminales de notre être. »

Carl Gustav Jung

CHAPITRE 2

EXPLOITER LE POTENTIEL DES RÊVES LUCIDES

« Un esprit qui s'est élargi pour accueillir une idée nouvelle ne revient jamais à sa dimension originelle. »

Oliver Wendell Holmes

Grâce à la première partie que vous venez de lire, vous avez à présent une meilleure vision de la topographie de vos terres intérieures. Comme vous devez l'avoir remarqué, ces terres sont protéiformes et dépendent largement de vos convictions personnelles. Il vous appartiendra donc de savoir ce que vous voulez de mieux pour vos (futurs) rêves lucides en décidant sciemment des lieux et des personnages qui vous sembleront les plus constructifs dans votre évolution personnelle.
En effet, les rêves lucides, bien plus que n'importe quelle forme d'introspection,

vous donnent un accès direct à cette fameuse partie de vous qui décide de la quasi-totalité de vos faits et gestes de la vie quotidienne. Alors, autant voir grand et assumer de grandes ambitions pour tout ce qui participe à votre construction intérieure, non ? De quel côté voulez-vous être ? Du côté de celles et ceux ne voulant jamais sortir de leur zone de confort, à jamais figés sous l'enclume de leur intellect ? Ou bien voulez-vous, au contraire, faire partie de ces gens curieux d'accroître leur potentiel en allant sans cesse explorer ce qui se trame au-dessus de leur simple et unique raison ? La réponse, naturellement, vous appartient. Elle dépendra cependant beaucoup de vos futures expériences oniriques...

1| DÉFINITION(S), ÉVOLUTION ET HISTOIRE

« Le rêveur créatif a l'occasion de faire l'expérience plusieurs fois par nuit d'un pouvoir personnel d'expansion de conscience illimitée, identique à celle recherchée par les preneurs de drogue, mais sans le même risque. »

Patricia L. Garfield

UNE NOTION PAS SI ÉVIDENTE À APPRÉHENDER

Comme vous l'avez lu dans les parties qui précèdent, la lucidité onirique est une notion complexe à définir.

| DE QUELLE LUCIDITÉ PARLE-T-ON ?

Si on dit généralement d'un esprit lucide qu'il est comme quelqu'un qui juge et qui voit objectivement les choses dans leur réalité, vous savez à présent que cette définition pose problème.

| POURQUOI ?

Parce que la réalité, avant d'être intellectualisée, sera toujours d'abord perçue par vos 5 sens, forcément limités, pour comprendre dans leur absolue complexité la somme des choses qui vous entourent. Cette finitude est toute la base de la pensée bouddhiste et hindouiste (pour qui le rêve, loin de montrer l'irréalité des choses, est justement le début de l'illumination), mais elle est aussi l'objet de réflexions poussées dans des domaines aussi variés que les sciences et la philosophie.

Neil deGrasse Tyson, célèbre astrophysicien américain, estime par exemple à 1 chance sur 2 la probabilité que votre existence ne soit en fait qu'un programme sur un disque dur. Nick Bostrom, philosophe reconnu à l'université d'Oxford, va même plus loin en suggérant qu'une civilisation avancée – et disposant d'une énorme puissance de calcul – aurait pu avoir décidé de faire revivre ses ancêtres par des simulations tellement complexes au regard de notre propre technologie que la majorité des consciences « soi-disant » humaines seraient en fait des consciences artificielles au sein de ces mêmes simulations.

EN CLAIR

Nous le voyons, la véritable lucidité, contrairement à ce que suggère la pensée matérialiste du dictionnaire, ne s'emmurerait pas uniquement dans une bonne appréhension de ce que l'on nomme la réalité objective… tout simplement parce que la réalité objective n'existe pas ! Vous ne me croyez pas ?

Demandez un portrait-robot à dix témoins venant d'apercevoir une personne pendant quelques secondes et vous aurez à tous les coups dix portraits très différents (c'est d'ailleurs ce que constate la police quand elle a recours à cette technique). Pourquoi ? Parce que ce qui a été perçu par les témoins a obligatoirement été filtré/biaisé par les sensibilités/valeurs et caractère de chacun… D'où l'immense variété de portraits qui sera à la disposition des enquêteurs.

LA LUCIDITÉ IDÉALE

La véritable lucidité ne reposerait donc pas que sur les cinq sens, filtrés et canalisés par une rigueur à toute épreuve. La lucidité idéale – celle en tous les cas prônée pour vivre de vrais et beaux rêves lucides – serait de parvenir à mettre en équilibre une somme de compétences en apparence très contradictoires.

Il s'agira effectivement :

- de travailler sa logique en admettant une part de mystère en toutes choses ;
- de faire harmonieusement cohabiter ses certitudes (ce qui nous paraît comme intrinsèquement juste, vrai et bon) et sa part de doute, celle qui sait sainement remettre en cause ;
- d'élaborer des projets ou des idées avec toute la rationalité possible... en laissant la part belle à l'imagination ;
- de mettre en place des stratégies concrètes et pragmatiques en sachant parallèlement faire intervenir le hasard, le bizarre et l'imprévu dans le processus de création ;
- d'intégrer l'idée selon laquelle la réalité – ou supposée telle – est une notion floue et subjective.

Le dernier point de ces différents conseils est absolument crucial. Pour peu que vous essayiez de mettre de côté votre logique, gardez en tête qu'un nombre impressionnant de cultures, de par le monde, est convaincu que ce que l'on nomme, nous, « réalité » n'est en fait qu'un simulacre, voire un pâle reflet de ce qui compose l'essence même des choses. « *Le monde du rêve est le monde réel* », disent les Seneca, peuple autochtone d'Amérique du Nord faisant partie de la Confédération iroquoise. Autrement dit : ce que vous projette les songes, la nuit, est peut-être plus fort, plus grand et plus « vrai » que ce que vos cinq sens projettent durant votre vie éveillée.

Pourquoi de tels propos ? Laissons la parole à Paracelse, célèbre médecin, philosophe et alchimiste de la Renaissance[1] :
« Ce que montrent les rêves est l'ombre d'une sagesse qui existe en l'homme, même si à l'état de veille il n'en a nulle connaissance... Nous n'en savons rien, parce que nous perdons notre temps avec des choses extérieures et périssables, et nous sommes endormis quant à ce qui est réel en nous. »

Fort de ce constat, pensez ainsi que cette fameuse lucidité, celle que vous allez acquérir dans les pages qui suivent, ne saurait se résumer à une simple prise de conscience vécue en rêve. Elle sera surtout un acte

1. Paracelse (1493-1541), philosophe, médecin et alchimiste, fut tout à la fois un théoricien du Grand Tout et un précurseur de la médecine moderne, celle qui se basera notamment sur la biochimie.

fondateur vous immergeant dans une dimension sacrée où la totalité de votre être ira se reconnecter à son identité profonde.

« La véritable réalité est toujours irréaliste. »

Franz Kafka

UN PEU D'HISTOIRE

Prendre possession de son rêve pour pouvoir y agir à l'intérieur en totale liberté est un vieux processus que les passionnés des temps antiques connaissaient déjà bien. Homère, dans le Chant II de *l'Iliade,* ne mettait-il pas déjà scène des rêveurs qui se savaient précisément en train de dormir[2] ?

– Tu es endormi, fils d'Atrée, dit le mauvais rêve (au Chant II de l'Iliade) ;
– Tu es endormi Achille, dit le fantôme de Patrocle.

Quant à Aristote, l'un des plus éminents philosophes grecs de son temps, il explicite lui aussi dans son traité *Des rêves* l'existence du phénomène en avouant qu'un rêveur peut tout à fait être conscient de rêver[3]. Cette

2. Comme le souligne l'historien Éric Robertson Dodds dans *Les Grecs et l'Irrationnel* (Aubier Montaigne, Paris, 1965) : « Le rêveur ne se croit pas ailleurs que dans son lit, et il sait très bien qu'il est endormi, puisque le personnage onirique se donne la peine de le lui faire remarquer. »

3. *« Dans le sommeil, si l'on a conscience que l'on dort et si l'on se rend compte de l'état qui révèle la sensation du sommeil, il y a l'apparence, mais il y a quelque chose en soi qui dit que c'est l'apparence de Coriscus et non Coriscus lui-même (car souvent, quand*

curiosité sur le rêve lucide ira ainsi jusqu'à titiller de grands noms comme saint Augustin (à qui on doit les premiers récits écrits sur le sujet), saint Thomas d'Aquin (qui constatera que ce type de rêves se déroule plus facilement juste avant le réveil)[4] ou encore René Descartes, le père de la pensée rationnelle, qui écrira toutes ses méditations philosophiques sur la seule base de quelques rêves dont l'un, justement, fut qualifié de « lucide[5] ».

Le fait est suffisamment savoureux pour le souligner : tout le cartésianisme sur lequel se sont construites – et se construisent toujours – nos civilisations repose sur un outil qui n'est absolument pas cartésien. Du moins pas uniquement.

on dort, il y a quelque chose dans l'âme qui dit que ce qui apparaît est un rêve). » Aristote, « Des rêves », dans *Petits Traités d'histoire naturelle*, Les Belles Lettres, Paris, 1965.

4. « *Si le mouvement est faible, non seulement l'imagination se trouve libre, mais même le sens commun est partiellement délié : à ce point qu'on juge parfois en dormant que ce qu'on voit est un rêve.* » saint Thomas d'Aquin, *Somme théologique*, Éditions du Cerf, 1954, t. X : « La pensée humaine », à partir de la p. 60.

5. Dans ce fameux rêve, abondamment commenté, le philosophe trouve un livre sur sa table sans savoir qui l'y avait mis. Il l'ouvre et se réjouit de voir que c'est un dictionnaire, car il se dit qu'il pourrait lui être fort utile. Dans le même instant, il trouve un autre livre sous sa main, un recueil des poésies de différents auteurs, intitulé *Corpus poetarum*. Par curiosité, il lit le début et tombe sur le vers « *Quod vitae sectabor iter ?* » (« Quelle voie suivrai-je dans la vie ? »). En discutant consciemment avec lui-même, l'auteur en vient à se persuader qu'il lui faudra vouer sa vie à la recherche de la vérité scientifique.

Dans les siècles qui suivent, l'étude des rêves lucides végétera dans un long purgatoire... Le siècle des Lumières et de l'Encyclopédie, puis celui du progrès, avec ses nombreuses révolutions industrielles, dédaigneront un support jugé brumeux et mystique. Il faudra attendre 1867 pour retrouver la première recherche sérieuse sur les rêves lucides à travers le travail de Léon d'Hervey de Saint-Denys, spécialiste de la langue et de l'histoire de la Chine. Dans son livre *Les Rêves et les moyens de les diriger*, ouvrage qu'il rédige sur plus de 20 ans, il est le premier à soutenir publiquement qu'il est possible d'apprendre à rêver consciemment. En 1913, le psychiatre néerlandais Frederik van Eeden introduit à son tour l'expression « rêve lucide » dans le sens que nous connaissons actuellement. Ce nouveau statut légitimé par de ces précurseurs ira jusqu'aux oreilles de Freud qui acceptera également la possibilité d'une conscience et d'un libre arbitre dans le rêve... tout en mentionnant le travail d'Hervey de Saint-Denys. Malgré des doutes réguliers quant à l'existence des rêves lucides[6], il faudra attendre la deuxième partie du XXe siècle pour que ces derniers retrouvent l'essor et l'intérêt médiatique qu'ils méritent...

6. Chacun à leur manière, l'érudit Alfred Maury (1817-1892), le médecin Havelock Ellis (1859-1939) ou le philosophe Norman Malcolm (1911-1990) ne cesseront de dire que le concept de rêve lucide est en lui-même une absurdité, ce dernier allant même jusqu'à écrire : « *Le fait d'avoir une expérience consciente, de quelque nature qu'elle soit, n'est pas ce qu'on appelle dormir.* » Ces propos seront notamment repris par le biologiste Yves Delage, le philosophe russe Piotr Ouspensky ou encore l'universitaire Patricia Garfield.

LA RECONNAISSANCE PUBLIQUE ET OFFICIELLE AVEC STEPHEN LABERGE

Depuis la moitié du XXe siècle, il est reconnu qu'une personne rêve lors de la phase de sommeil dite « paradoxale ». Pourquoi ce terme ? Parce que c'est à cet instant que le rêveur a son corps le plus relâché et son cerveau le plus investi... ce dernier profitant de ce repos pour aller scanner, des pieds à la tête, tout ce qui se passe dans l'organisme. C'est aussi à cet instant que le rêveur prouve son activité onirique par des mouvements oculaires spécifiques.

Howard P. Roffwarg et William Dement, pionniers de la recherche sur le sommeil aux États-Unis, ont ainsi montré que les directions de ces mouvements enregistrées durant le sommeil paradoxal coïncidaient souvent avec les orientations du regard en rêve, telles qu'elles ont été rapportées dans le récit des sujets. De ce postulat, il a ensuite suffi de convenir d'une séquence préméditée de mouvements oculaires que le sujet enverrait pendant un rêve lucide. Ces expériences ont été reprises par Keith Hearne à l'université de Hull en Grande-Bretagne, puis par Stephen LaBerge à l'université Stanford pour sa thèse de doctorat.

Ces résultats, publiés dans de nombreuses revues prestigieuses, ont permis de vérifier scientifiquement que l'esprit d'un rêveur pouvait communiquer vers les différents mondes extérieurs.

EN RÉSUMÉ

Vous voici à présent complètement au fait de la notion de rêve lucide.

Que vous manque-t-il pour pouvoir pleinement et complètement y accéder ?

Sans doute des outils et des méthodes vous permettant de discuter avec votre inconscient !

À l'image d'une personne avec qui vous faites connaissance, l'inconscient se dévoilera plus facilement à vous si vous vous intéressez à lui. Plus vous tisserez de liens ensemble, plus vous connaîtrez sa façon de parler et de se livrer à vous.

Quelles sont les médiations les plus simples pour venir à lui ?

L'art, la méditation, l'autohypnose et les rêves éveillés !

2| VERS UNE MEILLEURE APPROCHE POUR SE CONNECTER À L'INCONSCIENT

Avant de lister toutes les médiations qui vous permettront de mieux avoir accès à votre inconscient (la liste, cela va sans dire, n'est absolument pas exhaustive !), rappelons 2 évidences, déjà évoquées :

- une meilleure connaissance de l'inconscient, avant même de vouloir pratiquer des rêves lucides, passe par un intérêt toujours plus vif autour du monde des rêves, notamment ceux que vous faites chaque nuit ;
- une meilleure connaissance de l'inconscient passe aussi par une volonté permanente d'associer à la logique votre intuition et votre imagination avant chaque prise de décision.

L'ART

Pourquoi l'art – et particulièrement une pratique artistique – saurait mieux vous familiariser avec les mondes de l'inconscient ?

L'écrivain Franz Kafka disait : « *L'art est, comme la prière, une main tendue dans l'obscurité, qui veut saisir une part de grâce pour se muer en une main qui donne.* »

Cette main tendue, c'est le processus artistique lui-même. L'objectif premier pour l'apprenti onironaute n'est pas tant d'essayer de faire quelque chose d'esthétique, mais de faire de la création un espace vous

permettant de dénouer des nœuds psychiques, de débloquer quelques vieux mécanismes refoulés et/ou obsolètes.

EN QUOI LE FAIT DE CRÉER PERMET DE DÉNOUER DE TELS NŒUDS ?

Tout simplement parce que l'acte créatif lui-même vous met dans un processus permettant de meilleures médiations entre votre conscient et votre inconscient, mais aussi entre votre corps et votre esprit.

Par un habile lien que vous nourrirez avec votre thérapeute (si vous vous lancez dans l'art-thérapie) ou avec vous-même, la parole que vous aurez déposée dans votre création se libérera et vous aidera à y voir plus clair sur les ressources dont vous disposez... et sur les anciens mécanismes inconscients qui vous empêchaient d'évoluer.

L'ÉCRITURE

Comment appréhender nos blocages inconscients par le biais de l'écriture ? Selon les experts, il semblerait que reprendre le pouvoir par l'écrit (ou par la parole) aurait un effet bénéfique, pour retrouver sa liberté. Par quels prodiges ?

La maladie, fidèle à son étymologie (« mal à dire » : le malade serait celui ayant du mal à dire son mal), perdrait de sa puissance dès lors qu'on réussirait à la nommer. En devenant un objet d'écriture, elle ne serait plus vécue comme un mal extérieur, mais comme un élément faisant partie d'un tout que la personne peut remodeler à loisir selon ses désirs par l'acte d'écriture lui-même.

Comme l'écrivait déjà Didier Van Cauwelaert, prix Goncourt de littérature, dans *Dictionnaire de l'impossible*[1] :

« Partisan de cette thèse, le Dr Larry Dossey cite en exemple une grande étude entreprise sur la migraine à la fin des années 1970, où l'on avait demandé aux sujets de noter la fréquence, la durée, la violence, le contexte de leur crise, ainsi que les conséquences sur leur vie et leur entourage. Ce recueil de données devait être la première étape de l'étude, destinée à préparer les patients à un traitement futur. Mais cet exercice entraîna, chez la plupart des participants, la disparition totale des maux de tête[2]*. Et si la maladie était un signal susceptible de s'interrompre dès lors qu'on l'identifie, qu'on le déchiffre, qu'on lui reconnaît un but ?*

Tenir un journal, a fortiori écrire un roman autobiographique serait donc, dans ce cas, mieux qu'un remède : un décodage, une quête de sens. [...] La psychiatre et pharmacologue Barbara Brown, initiatrice du concept biofeedback (rétrocontrôle biologique), disait : "Il n'est plus question de considérer la maladie comme l'irruption de quelque chose qui prendrait sa source ailleurs,

1. Didier Van Cauwelaert, *Dictionnaire de l'impossible*, page X, Éditions Plon, 2013.
2. Larry Dossey, *Space, Time and Medicine*, New Science Library, 1982.

mais comme un élément dans un processus existentiel. [...] *Dès qu'on s'attache à se recentrer sur un principe d'interconnexion et d'unité, à repousser fragmentation et isolement, la santé revient"* [3]».

Autrement dit, l'acte d'écriture, loin des contraintes scolaires, permettrait une reconnexion totale entre les différentes parties de votre être. Cette prise de conscience devrait ainsi non seulement vous amener à écrire vos rêves, qu'ils soient lucides ou non, mais aussi et surtout à mieux réaliser leur véritable portée thérapeutique.

3. Barbara Brown, *Le Pouvoir de votre cerveau*, Éditions du Jour, 1985.

LE THÉÂTRE

Comme l'écrivait le psychologue Walter Orioli dans son livre *Théâtre et Thérapie :*

« L'élaboration artistique du vécu permet, dans la pratique clinique de s'éduquer (du latin educere *: faire sortir), en mettant en lumière l'expressivité qui frappe aux portes de l'âme. Dans l'analyse de la séance reportée [...], l'enfant devient "metteur en scène" et "scénariste" de ses vécus. »* [4]

Cette mise en scène, grâce au rêve, n'est pas sans rappeler la pratique du « rêve actif » du chamane et onirologue Robert Moss. Dans ses ateliers, les participants ont l'occasion, s'ils le souhaitent, de revenir dans leur rêve devant les autres membres. Ils revisitent ainsi théâtralement ce qu'ils ont vécu, expliquent leurs choix et, dans certains cas, affrontent de façon plus sereine les symboles « inquiétants » qui les avaient tant effrayés de prime abord. Rien de tel, dans tous les cas, pour amorcer en douceur les futures confrontations, agréables ou pas, de tous les apprentis onironautes lors de leurs prochains rêves lucides[5].

4. Walter Orioli, *Théâtre et Thérapie*, Macro éditions, 2010, p. 254.
5. Robert Moss, *Le Rêve actif*, éditions Vega, 2011, p. 279 : *« Si l'un des rêves partagés offre matière à mise en scène, voyez si vous pouvez en faire des séquences de mouvements ou de pièce de théâtre et faites bouger les corps dans la salle. Si un rêveur souhaite retourner dans son rêve, c'est l'occasion pour un partage de rêve, où tout le monde devient un traqueur voyageant de façon convenue dans le paysage onirique du rêveur ».*

| LA PHOTO, LE DESSIN, LA SCULPTURE

Apprivoiser l'inconscient par une médiation artistique exaltant les formes et les couleurs est vieux comme l'humanité. Il faudra néanmoins attendre 1810 pour que le psychanalyste allemand, Johann Christian Reil en fasse une théorie clinique communément admise[6].

Encourageant son peuple à repeindre après le choc de la disparition de l'empire germanique, l'inventeur du terme « psychiatrie » insistait sur le fait que l'acte de peindre aidait les gens à se mettre en contact avec leurs « passions », leurs troubles, leurs torts, mais aussi leurs peurs ainsi que leurs blocages enfouis dans ce que l'on nommerait plus tard l'inconscient. Depuis, de nombreux thérapeutes et art-thérapeutes ont découvert que lorsque les gens repeignaient, ils avaient entre leurs mains (c'est le cas de le dire !) le pouvoir de donner une forme et des couleurs à leurs angoisses inconscientes qu'ils auraient été bien incapables d'exprimer d'une autre façon. Dans le cadre de mon travail avec ma patiente rêvant de cette élève jouant avec sa trousse (voir le chapitre 1), voici le dessin qu'elle a pu ensuite réaliser à force de discussions et de réflexions.

6. Johann Christian Reil, *Rhapsodies sur l'emploi de la méthode de cure psychique dans les dérangements de l'esprit*, trad. Marc Géraud, Éditions Champ social, 2006.

LA MÉDITATION

Qu'il s'agisse du yoga, de la méditation dite de « pleine conscience », de la sophrologie ou bien d'une autre méthode, la méditation n'est pas tant un outil vous aidant à pénétrer dans les mystères de l'inconscient qu'une façon d'être qui vous permettra de quitter le mental et de vous libérer (même provisoirement) de l'ego, source de tous les maux. Rappelez-vous cette courte histoire :

On a demandé à Bouddha :
– Qu'as-tu gagné grâce à la méditation ?
Il répondit :
– Rien ! Cependant, laisse-moi te dire ce que j'ai perdu : la colère, la dépression, la folie, la peur d'être vieux et celle de mourir.

Il ne s'agira donc pas, ici, de vous donner des astuces (il existe dans les librairies ou sur Internet pléthore de méthodes), mais de vous rappeler qu'une pratique régulière de méditation vous aidera grandement à mieux lâcher prise et à accepter l'extraordinaire que vous suggéreront les rêves lucides.

L'AUTOHYPNOSE

Tout comme la méditation, l'autohypnose peut également être une première étape intéressante avant de pratiquer les rêves lucides.

| POURQUOI ?

Parce que dans les 2 cas, il s'agira de se plonger soi-même dans une sorte d'état modifié de conscience pour mieux avoir accès à des parties inconnues de soi.

Si vivre un rêve lucide relève d'une technique exigeante et particulière, il n'en est rien de l'autohypnose, que chacun pratique très naturellement, parfois même sans s'en rendre compte. Quand vous êtes par exemple perdu dans vos pensées, une partie de vous s'évade. Elle se détache de l'instant présent et n'entend plus ce qu'il y a autour... même si une autre partie de vous a conscience de ce qui se passe à côté.

Pour vous donner un cas concret, rappelez-vous simplement ces moments pénibles à l'école où vous vous ennuyiez.

Que se passait-il ? Vous regardiez le plafond blanc en songeant à la chérie que vous auriez aimé embrasser ou bien encore au dernier épisode de la série que vous veniez de visionner. À cet instant, porté par votre simple imagination, vous n'entendiez plus les propos du professeur ni ne voyiez ce plafond tout blanc au-dessus de vous. À la blancheur du plafond s'était petit à petit substitué ce que voyait votre imaginaire. Les paroles de l'enseignant s'étaient également transformées en d'autres sonorités, plus en phase avec ce que vous étiez en train de vivre à l'intérieur de votre esprit.

Qu'avez-vous vécu en ces différents instants ? Une expérience d'autohypnose. Ce que vous voyiez en vous était plus fort que ce que vous aviez vu en vrai !

Tout le monde est ainsi à même d'expérimenter cet état, bien qu'il faille une certaine discipline pour y parvenir volontairement et rapidement. Voici une méthode pratique et efficace pour y accéder[7].

7. Ce qui suit est très largement repris d'une de mes interviews données sur l'autohypnose sur le site Doctissimo : https://www.doctissimo.fr/medecines-douces/hypnose/autohypnose

COMMENT PRATIQUER L'AUTOHYPNOSE ?

1. Installez-vous au calme et réfléchissez tout d'abord à l'objectif que vous poursuivez. Formulez votre aventure en disant « je » et au présent. Pourquoi voulez-vous pratiquer l'autohypnose ? Par exemple : « Je veux renforcer mon système immunitaire, je veux retrouver un objet ou un souvenir perdu qui m'est cher, je veux améliorer ma confiance en moi, je veux retrouver de la sérénité en vue de ce rendez-vous stressant qui m'attend, je veux affirmer et développer ma créativité… » Si c'est plus facile pour vous, vous pouvez aussi utiliser des mots précis ou des images pour suggérer certains messages à votre inconscient.

2. Fermez les yeux et commencez par un simple exercice de respiration. Laissez les pensées vous traverser.

3. Adoptez ensuite une respiration abdominale, plus « consciente » : inspirez par le nez et expirez par la bouche.

4. Relâchez tous vos muscles des pieds jusqu'à la tête, fermez les paupières. Pour ne faire plus qu'un avec tout ce qui vous entoure – et ainsi mieux vous reconnecter aux profondeurs de votre inconscient, laissez libre cours à tout ce que vous ressentez. Si vous êtes au milieu de la nature, imaginez qu'en expulsant le dioxyde de carbone lors de l'expiration, vous nourrissez aussi l'arbre ou les végétaux qui vous entourent. En retour, ces derniers vous donnent l'oxygène dont vous avez besoin. Vous faites ainsi partie d'un ensemble où tout se mélange : intérieur et extérieur, conscient et inconscient...

5. Prenez ensuite une profonde respiration et maintenez-la quelques secondes, avant d'expirer très lentement. Comptez jusqu'à 10 et vous serez dans un état modifié de conscience. Dans cet état d'entre-deux, laissez votre esprit flotter en accueillant sans jugement toutes les images, tous les sons et toutes les sensations qui viendront à vous pour vous permettre de trouver des solutions saines et originales au sujet de l'objectif que vous vous êtes fixé.

6. Revenez à vous tranquillement.

Grâce à cet outil, vous avez maintenant largement de quoi préparer vos rêves lucides, votre inconscient ayant été apprivoisé de la plus douce des façons. La musique qui suit, composée spécialement pour cet ouvrage, a été conçue pour vous aider à plonger plus vite et plus loin en état modifié de conscience.

N'hésitez donc pas à vous lancer encore plus loin dans l'aventure si le cœur vous en dit...

LES RÊVES ÉVEILLÉS

Le rêve éveillé est une vieille méthode permettant au rêveur de revenir dans un rêve et de le conclure de façon satisfaisante. Mise en place dès les années 1930 par le psychothérapeute français Robert Desoille, cette technique vise, avec la présence d'un professionnel à intensifier la force de vos mondes psychiques. Partant du principe que ces derniers interagissent toujours avec le monde qui vous entoure, vivre en toute sérénité un rêve de ce type vous permettrait de mieux canaliser les multiples énergies bouillonnant dans les nombreux replis de votre conscience afin de mieux pouvoir ensuite les exploiter à bon escient dans votre vie réelle.

POUR VIVRE UN BON RÊVE ÉVEILLÉ…

- **Choisir un rêve fort et inspirant.**
- **Se mettre dans un état modifié de conscience adapté** (voir l'exemple donné à la fin de ce chapitre).
- **Bien voir le rêve.** Le rêveur doit d'abord voir quelque chose : les couleurs, les formes, les décors et les personnages environnants seront absolument déterminants.
- **Bien vivre le rêve.** Le rêveur doit éprouver des sentiments et des émotions dans le rêve qu'il raconte.
- **Bien verbaliser le rêve.** Le rêveur met en mots tout ce qu'il vit et voit au fil de son rêve éveillé.

Si, dans l'idéal, ce genre de rêve se vit avec un thérapeute formé à ces techniques, rien ne vous empêche de le tester d'abord vous-même. S'il ne remplace pas la valeur d'un vrai rêve éveillé dirigé par un professionnel, il aura néanmoins le mérite de vous aider à mieux approfondir ce que votre inconscient a vraiment à vous dire…

Pour y parvenir, **convoquez un personnage, un lieu ou un objet d'un de vos rêves précédemment vécus. Choisissez-en un qui a une forte valeur et une grande charge émotionnelle. Trouvez ensuite un confident en qui vous avez pleinement confiance** et **demandez-lui,** une fois que vous serez face à face, **de vous tapoter les genoux, tour à tour droit et gauche, et en alternance.** Loin d'être une bizarrerie, cette technique (que les Anglo-Saxons appellent le « tapping »), vous procurera mécaniquement une relaxation biochimique, provoquée par la variation de différentes hormones comme le cortisol, l'endorphine et la sérotonine. Une fois que vous serez suffisamment détendu, **commencez à convoquer l'élément onirique important préalablement choisi…** Le rôle du confident, tout en vous tapotant, consistera essentiellement à relancer vos dires en disant « pourquoi ».

En guise d'exemple pratique, je vous propose d'abord un rêve qui a fait l'objet d'une analyse poussée dans l'un de mes livres intitulé *Mon journal de rêves.*[8] La clôture du manuscrit n'ayant pas laissé le temps à ma patiente d'expérimenter un rêve éveillé, je vous laisse ci-dessous la restitution de notre séance en vous mettant son rêve, tel qu'il fut rédigé la première fois, avec les coquilles.

8. Olivier Cochet, *Mon journal de rêves*, éditions 365, février 2023.

| Exemple |

Rêve de Maëlle (le prénom a été changé), patiente de 35 ans qui s'est brisé le fémur à la suite d'une mauvaise chute.

Cet accident l'a beaucoup affaiblie et a fait rejaillir quelques vieilles blessures que le rêve a largement su faire remonter à la surface de son conscient.

« En étant sur le point de m'endormir, au moment même où je pense basculer définitivement dans les bras de Murphée, je rêve que je conduis rue Baliste une énorme voiture à la carrosserie rouge sang. Même si j'ai du mal à rentrer les clés de contact, je suis juste devant la Bourse du Travail… et un passant à mèche blonde déboule, sans crier gare, sur le passage piéton. Il me percute violemment. J'ai à peine le temps de voir la voiture saigner… je me réveille aussitôt ! »

Ce rêve, particulièrement cryptique, a permis à la patiente après une longue analyse de vivre sur le vif la conversation suivante :

Moi : Que voyez-vous ?

Patiente : Je vois le passant à la mèche blonde… il sourit.

Moi : Pourquoi ?

Patiente : J'ai l'impression qu'il se moque de moi…

Moi : Pourquoi ?

Patiente : Je ne sais pas, on dirait qu'il lit en moi comme un livre ouvert.

Moi : Pourquoi ?

Patiente : Dur à dire… c'est comme si le manque de confiance que j'avais accumulée depuis mon accident faisait de moi une cible facile permettant à tout le monde de me donner des ordres. Comme si tout mon entourage savait mieux que n'importe qui ce qui était bon ou mauvais pour moi...

> Si ce genre de conversation est pour vous difficile à mettre en place, essayez de l'inventer et de la restituer à l'écrit... en ne cherchant surtout pas à réfléchir. Sans filtre et sans jugement, posez immédiatement sur la feuille tout ce qui vous vient à l'esprit, quoi qu'en pense votre conscient !

Ce premier exercice me permettra ensuite, en cabinet avec la patiente, de copiloter le rêve éveillé dirigé ci-dessous :

La patiente, avant de démarrer le travail, a légèrement été mise en état modifié de conscience par une petite session de « tapping »...
Moi : Que voyez-vous ?
Patiente : Je vois la voiture de mon rêve en train de saigner.
Moi : Où saigne-t-elle donc ?
Patiente : Sous le capot, dans le moteur.
Moi : Vous allez y faire un tour ?

La patiente semble résister.
Moi : Qu'est-ce qui vous freine ?
Patiente : Le passant à la mèche blonde...
Moi : Oui, eh bien ?
Patiente : Il ouvre déjà le moteur...
Moi : Et c'est une bonne chose ou pas ?

Patiente : Non, ça me pétrifie.
Moi : Cela vous pétrifie ? Que ressentez-vous exactement ? Explicitez !
Patiente : Je ressens une angoisse. Une angoisse sans nom.
Moi : Alors dites-le-lui.
Patiente : Que je lui dise quoi ?
Moi : Que cela vous pétrifie...

La rêveuse, les paupières closes et en réel état modifié de conscience, semble murmurer quelques paroles inintelligibles.

Patiente : Ça y est, je le lui ai dit.
Moi : Bravo, que vous répond-il ?
Patiente : Qu'il sait mieux que moi ce qui est bon pour cette voiture.
Moi : C'est son problème. Répétez-le-lui. C'est votre voiture ! Elle saigne, mais ne semble pas à l'agonie, prête à bientôt mourir dans d'atroces souffrances, vous me le confirmez, n'est-ce pas ?
Patiente : Oui, oui, oui... elle saigne un peu, c'est tout.
Moi : Parfait... Alors bombez le torse et dites-lui que c'est vous qui décidez.
Patiente : (D'une voix affirmée) C'est moi qui décide !
Moi : Bien répondu ! Que dit-il à présent ?
Patiente : Rien... Iil a l'air surpris. Il n'a pas l'habitude qu'on lui parle comme ça.
Moi : Dites-lui qu'il devra s'y faire peut-être. Quels que soient vos liens, vous êtes à présent la seule maîtresse à bord de votre vie, pas la passagère. Vous êtes une personne à part entière, pas son jouet !

La patiente, tout en laissant échapper quelques larmes, me livre un grand sourire.

Vous le constatez, les rêves éveillés sont comme de lointains cousins des rêves lucides. À la manière des cercles concentriques, ils partagent de nombreux points communs :

POINTS COMMUNS ENTRE LES RÊVES ÉVEILLÉS ET LES RÊVES LUCIDES

- Ils permettent de replonger dans un rêve.
- Ils donnent la sensation de redevenir acteur d'un processus que l'on subissait.
- Ils proposent des solutions concrètes, directement inspirées de l'inconscient du patient.
- Ils donnent les pleins pouvoirs à l'imaginaire pour résoudre concrètement des conflits.

MISE EN PRATIQUE

Si cette méthode est comprise, je vous propose dès lors un exercice pour immédiatement mettre en pratique cette méthode originale et innovante. Il vous suffira pour cela de reprendre le rêve fil rouge de la première partie de ce livre et d'en imaginer une conversation digne de ce nom. Pour rappel, le rêve en question était le suivant :

« Enseignant dans une salle de classe, je vois une élève nommée Philippine, sucette à la bouche, en train de frotter une règle contre sa trousse pour mieux faire dresser en l'air de gros bouts de papier. Je la regarde la gorge

sèche et prends un des papiers qui s'est collé contre la règle et sur lequel se trouve écrit le mot « Luxées ». Je ne sais pas pourquoi, mais je pense à une échelle et aux jambes de mon mari qui vient de se déboîter le genou dans la vraie vie en jouant au foot avec son petit-fils Joab dans un bocage. Curieusement, en pensant ainsi à mon mari, je le vois plus jeune avec une veste en poils hérissés et une ceinture en cuir, des vêtements qu'il n'a jamais eus dans le monde réel. »

Début de conversation possible entre un potentiel confident et la patiente :

La patiente : Je vois l'élève du rêve qui me tire la langue...

Le confident : Pourquoi ?

La patiente : ....

....

....

Le confident : ....

....

....

La patiente : ....

....

....

Le confident : ....

....

....

La patiente : ....

....

....

Le confident : ....

....

....

La patiente : ....

....

....

Le confident : ....

....

....

La patiente : ....

....

....

Le confident : ....

....

....

La patiente : ....

....

....

Faites-vous confiance dans cet exercice. L'idée n'est pas nécessairement de répondre juste, mais d'avoir conscience que vous parlez, au-delà du patient, à des projections symboliques issues de son inconscient. Seule une vraie conversation saura donner du sens à ce tissu apparent d'incohérences. Elle vous donnera aussi de premiers réflexes importants lorsque vous aurez à négocier avec les projections auxquelles vous devrez faire face dans vos premiers rêves lucides...

Alors ? Premier verdict ? Vous êtes-vous senti à l'aise dans cette conversation ? Ou bien avez-vous au contraire connu des difficultés dans votre sens du décryptage, de l'analyse et de l'improvisation ?

| EXERCICE RETRANSCRIT

Si l'exercice vous a semblé difficile… pas de panique ! Cela signifie juste que vous devez apprendre à fluidifier ces techniques, en les pratiquant notamment dans vos rêves personnels, ceux-là mêmes que vous aurez sélectionnés. Pour vous donner une idée de réponses possibles, je vous soumets la conversation que j'ai eue avec ma patiente… mais gardez bien en tête que vos propositions, dans d'autres contextes et avec d'autres personnes, auraient sans doute aussi été parfaitement recevables.

La patiente : Je vois l'élève du rêve qui me tire la langue…
Moi : Pourquoi ?
La patiente : Je ne sais pas… Peut-être cherche-t-elle à me narguer !?
Moi : Vous narguer ? Pourquoi ?
La patiente : J'ai l'impression que je n'ai aucune autorité.
Moi : Ah bon ? Mais aucune autorité sur qui ?
La patiente : Eh bien… sur moi !
Moi : Et pourquoi donc ?
La patiente : J'ai l'impression que je ne me respecte pas.
Moi : Que vous ne vous respectez pas ? C'est-à-dire ?
La patiente : Je n'écoute aucun de mes désirs. À chaque fois, je pense d'abord aux autres.
Moi : Vous ou bien la petite fille sage qui voulait faire plaisir à son papa lorsqu'elle était petite en se doutant bien que cela serait impossible ?

La patiente : Oui, c'est ça... *(prise sous une impulsion soudaine)*, mais alors...
Moi : Oui ?
La patiente : Cette petite fille dans le rêve...
Moi : Oui, eh bien ?
La patiente : Ça pourrait être « moi » dans une version améliorée !?
Moi : Une version améliorée, pourquoi ?
La patiente : Cette petite fille, elle ose tirer la langue sans penser à ce que l'on va dire d'elle. [...] Elle me pousse peut-être aussi à me lâcher et à me dire ce que j'attends !?
Moi : Très bien. Et vous attendez quoi ?
La patiente : Dur à dire, comme ça...
Moi : N'ayez pas peur, allez-y !
La patiente : J'attends d'avoir ce courage qu'elle a et que je n'ai pas !
Moi : Vous l'avez forcément puisque c'est votre rêve et que cette petite fille, c'est vous ! Il suffirait pour cela de peut-être simplement oser lui parler plutôt que de rester bouche bée. (La patiente rit.) Vous riez ? Pourquoi ?
La patiente : Vous avez dit « bouche bée » et elle, elle tire la langue... on ne peut pas faire plus opposé !
Moi : Les extrêmes s'attirent, vous le savez bien. Allez donc parler à cette jeune écolière. Que se passe-t-il ?
La patiente : C'est dingue !
Moi : Oui ?
La patiente : Je n'ai même pas besoin de lui dire quoi que ce soit. En l'ayant regardée en me mettant simplement à sa hauteur, elle a tout de suite compris et elle se jette dans mes bras.

Moi : C'est parfait. Nourrissez-vous bien l'une et l'autre de vos énergies respectives et remontez lentement, dès que vous l'aurez décidé, dans notre réalité.

Si ces échanges vous touchent, sans doute vous demandez-vous de quelle façon l'onironaute peut si facilement retrouver le cadre du rêve dans lequel il souhaite retourner. Si la technique est multimillénaire (les sociétés que l'on qualifie souvent abusivement de « primitives » l'utilisent de manière très régulière), elle a fait l'objet d'adaptations spécifiques pour nos esprits occidentaux. En voici une version facile à mettre en place[9] :

9. Robert Moss, dans son livre *Le Rêve actif* (Éditions Véga, 2013) évoque cette technique très efficace. Dans mon livre *Provoquer et décrypter ses rêves* (Éditions Jouvence, 2022), je les explique aussi à ma façon dans le cadre d'un oracle onirique.

RETROUVEZ UN CADRE ONIRIQUE

1. Posez-vous et décontractez-vous ! Allongez-vous dans un endroit silencieux et débranchez votre hémisphère gauche en acceptant de laisser vagabonder vos idées. « Observez-les » ainsi sans les juger, comme si elles voletaient à l'intérieur d'une volière : certaines sont sérieuses, d'autres légères. D'autres, encore, sont en lien avec le passé... là où certaines concernent votre avenir. Voyez ensuite toutes ces pensées se libérer de cette volière pour mieux vous ancrer dans l'instant présent. Ennuyez-vous s'il le faut... ne serait-ce que pour mieux vous débarrasser de cette obligation vous contraignant sans arrêt à l'efficacité ou au rendement.

2. Pensez à un endroit réel ou irréel, que vous aimez particulièrement. Songez à un lieu inspirant dans lequel vous sentez une énergie particulière. Laissez-vous inonder par la force tellurique se dégageant de cet endroit en vous persuadant que vous êtes connectés l'un à l'autre.

3. « Ressentez » en exploitant vos cinq sens. Retrouvez cet endroit et « humez-le » comme s'il était devant vous. Quelles formes et quelles couleurs composent sa charpente ou sa structure ? Parvenez-vous à cerner des odeurs ? Certaines d'entre elles vous picotent-elles la gorge au point de sentir, au bout de la langue, un soupçon de sucré, de salé ou d'amertume ? Produit-il des sons ? Au toucher, comment est-il ? Doux ou rugueux ? Lisse ou rêche ?

4. Profitez de ce mélange sensoriel pour mieux faire des liens et des combinaisons inédites. Mélangez vos cinq sens à toutes les énergies que renferment ces lieux. Mêlez par exemple les couleurs du mur, du sol ou du plafond à vos états émotionnels. Combinez les sons à la petite voix qui vous guide à l'intérieur de vous-même et associez les odeurs, les goûts et tout ce que vous avez touché à vos ressentis actuels.

5. Jetez-vous dans la brèche ! Fort de ces différentes combinaisons, profitez de tous les accès de ce lieu (portes, fenêtres, ascenseur, chausse-trappe, passages secrets, etc.) pour dénicher d'autres dimensions supérieures.

Répétez plusieurs fois cet exercice... et ce lieu viendra à vous dans l'un de vos futurs rêves !

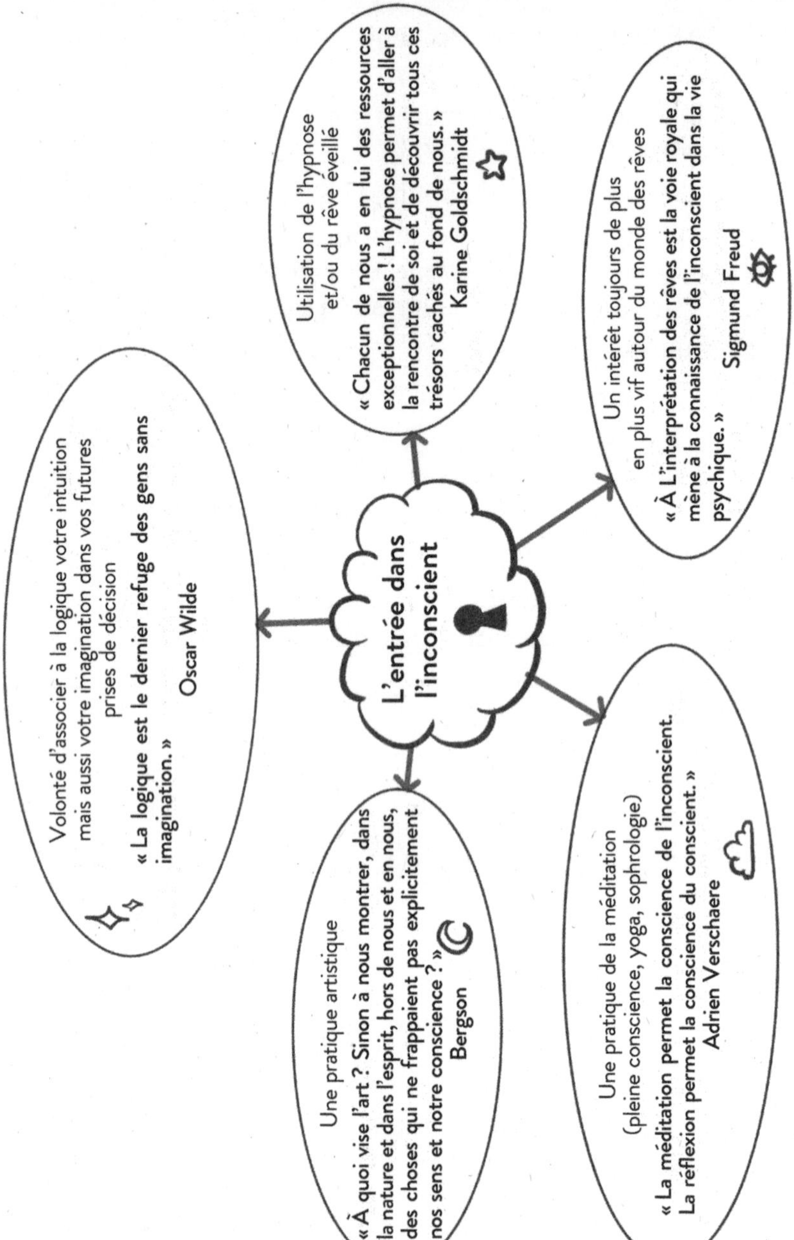
L'entrée dans l'inconscient
Volonté d'associer à la logique votre intuition mais aussi votre imagination dans vos futures prises de décision
« La logique est le dernier refuge des gens sans imagination. »
Oscar Wilde
Une pratique artistique
« À quoi vise l'art ? Sinon à nous montrer, dans la nature et dans l'esprit, hors de nous et en nous, des choses qui ne frappaient pas explicitement nos sens et notre conscience ? »
Bergson
Utilisation de l'hypnose et/ou du rêve éveillé
« Chacun de nous a en lui des ressources exceptionnelles ! L'hypnose permet d'aller à la rencontre de soi et de découvrir tous ces trésors cachés au fond de nous. »
Karine Goldschmidt
Une pratique de la méditation (pleine conscience, yoga, sophrologie)
« La méditation permet la conscience de l'inconscient. La réflexion permet la conscience du conscient. »
Adrien Verschaere
Un intérêt toujours de plus en plus vif autour du monde des rêves
« À L'interprétation des rêves est la voie royale qui mène à la connaissance de l'inconscient dans la vie psychique. »
Sigmund Freud

3| POURQUOI ET DANS QUEL(S) BUT(S) ?

« Remplacer, chaque fois qu'il se peut, le "pourquoi ?" par le "comment ? ", c'est faire un grand pas vers la sagesse. »

André Gide

QUELQUES POINTS IMPORTANTS

Imaginez que je vous mette entre les mains une Ferrari. Une immense Ferrari dernier cri, susceptible de gagner un grand prix sur une piste de Formule 1. Que risque-t-il de se passer si je vous donne tout de suite les clés de contact ?

Sans doute risquez-vous une grosse (et dangereuse !) sortie de route au bout d'à peine quelques mètres tant le bolide est trop grand et surtout trop puissant pour vous. Il en est de même pour les rêves lucides. En vous reconnectant à des parties cachées, vous vous confrontez à l'hypothèse de voir ressurgir en vous des choses énormes, tellement énormes qu'elles pourraient vous terrasser si vous n'êtes pas prêt et si vous ne vous êtes pas paré contre toutes les situations. Un apprenti conducteur de Formule 1 qui irait immédiatement dans une puissante voiture, juste nourri par l'envie de gloire, aurait toutes les chances de vivre un accident fâcheux avant même la ligne d'arrivée.

L'apprenti onironaute, de toute évidence, sera dans la même situation.

LES QUESTIONS À SE POSER

Posez-vous donc les bonnes questions avant d'entreprendre vos premiers rêves lucides. L'énergie qu'ils véhiculent est puissante : autant exploiter cette dernière pour des raisons qui en vaillent la peine.

- Pourquoi est-ce que je souhaite faire des rêves lucides ? Pour me réfugier dans l'imaginaire ? Ou bien pour mieux me confronter aux différentes parties de moi-même ?

• Qu'est-ce que j'aimerais découvrir dans mes rêves lucides ? Quels mondes, quels cadres, quelles personnes, quelles ressources est-ce que je souhaite rencontrer ? Pourquoi ?

....

....

....

....

....

....

....

....

....

....

....

....

....

....

....

....

....

....

....

....

....

• De quels carburants vais-je vouloir disposer pour arriver de la meilleure de façon dans cet endroit intérieur où se nichent les futurs scénarii de mes rêves lucides ? De quelles énergies et de quelles ressources aurais-je besoin pour me protéger de tout ce à quoi je serai confronté ? (L'amour des miens ? L'amour divin ? Toutes les valeurs qui me sont propres et qui me permettent de transcender mon petit ego ?)

Lorsque vous aurez correctement répondu à ces questions, gardez en tête que les symboles que véhiculent les rêves produisent une énergie immense.

QU'EST-CE QU'UN SYMBOLE ?

C'est un langage qui vous aidera à faire des liens. Venant du grec *sumballein* (qui signifie « relier »), les symboles que projettent les images oniriques vous inciteront constamment à créer des ponts entre 2 mondes : celui du visible et de l'invisible, du conscient et de l'inconscient. Tous ces ponts que vous bâtirez seront ainsi autant de murs que vous détruirez pour mieux libérer vos forces vives bouillonnant à l'intérieur de vous[1] !

1. *« Les rêves sont une source formidable d'images nouvelles et spontanées de guérison, des images auxquelles le corps croit, parce qu'elles proviennent du tréfonds de notre être. Nos symboles oniriques sont plus puissants qu'une visualisation délibérée, parce qu'il s'agit d'éléments qui nous sont propres, et qui ont été conçus tout spécialement pour nous. Les rêves nous montrent notre état - physique, émotionnel, mental et spirituel - dans un langage qui diffère de celui de la profession médicale (même s'il peut comporter des termes et des procédures médicales). Les rêves mettent à notre disposition la capacité de visualiser et de nommer nos symptômes d'une façon qui nous aide à nous rétablir. »* Robert Moss, *Les Trois Clés cachées : rêves, coïncidences et imagination*, Guy Trédaniel Éditeur, 2019, p. 60.

4| AVEC QUEL(S) PROTOCOLE(S) POUR QUELLES MÉTHODES D'INDUCTION ?

Maintenant que vous avez (quasiment) tous les tenants et aboutissants, abordons enfin la vraie question, la seule qui vaille la peine d'être posée en vérité : sur quelles bases et avec quels outils puis-je pratiquer mes premiers rêves lucides ?

REMPLISSEZ LE PLUS RÉGULIÈREMENT POSSIBLE LE JOURNAL DE BORD DE VOS RÊVES...

... afin de bien montrer à votre inconscient votre engouement pour votre vie nocturne. Selon les jours, semaines, mois ou années, regardez comment évoluent vos mondes intérieurs. Qu'est-ce qui stagne ? Qu'est-ce qui revient sans cesse ? Qu'est-ce qui est nouveau ? Quels sont les objets, personnes ou décors réguliers ? Avec lesquels vous sentez-vous à l'aise ? Quels sont ceux avec lesquels vous devez encore faire quelque chose ? Ceux que vous devez laisser tomber ? Ceux que vous aimeriez bien rencontrer ?

POSEZ DES QUESTIONS RÉGULIÈREMENT PENDANT LA JOURNÉE...

... comme : « Qu'est-ce qui me prouve que ce que je suis en train de vivre n'est pas un rêve ? » Régulièrement répété, ce mantra infiltrera les différentes strates de votre inconscient qui finira par vous faire poser cette question lorsque vous serez en train de vivre un rêve lucide. Ce postulat de doute permanent, que nous avons déjà évoqué plus haut, n'est pas nouveau. Vous savez effectivement depuis longtemps que vos expériences conscientes sont générées par des états cérébraux où le corps, *a priori*, ne joue aucun rôle. Lorsqu'un être vivant voit, par exemple, un arbre, son œil transmet l'information au cerveau qui recrée l'image d'un arbre. Le chemin entre l'arbre et l'image pourrait être ainsi

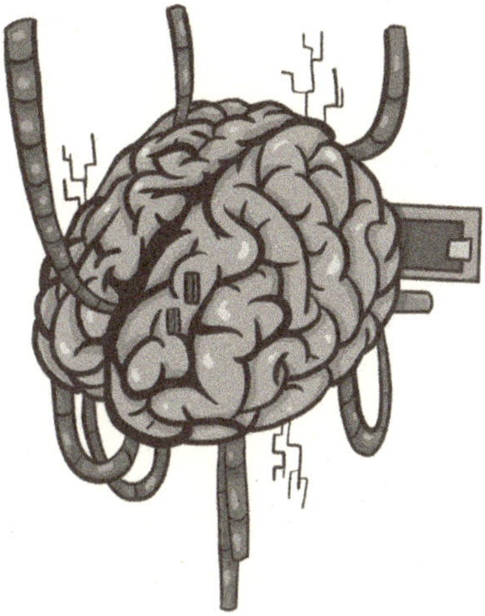

évité si l'on parvenait à agencer artificiellement le même état cérébral. Un état cérébral qui serait envoyé par une impulsion électrique donnée par... une machine ! C'est là toute la théorie du « cerveau dans une cuve », une expérience de pensée imaginée par le philosophe américain Hilary Putnam en 1981, consistant à imaginer que votre cerveau pourrait être placé dans une cuve tout en recevant des stimuli envoyés par un ordinateur en lieu et place de ceux envoyés par votre corps. Ce concept, qui n'est finalement rien d'autre qu'une version modernisée de l'« argument du malin génie », pensé par Descartes, suppose que vos certitudes les plus établies pourraient être en fait un mauvais tour joué par un être tout-puissant qui aurait décidé de vous tromper.

Peut-être croyez-vous ainsi, en ce moment même, lire un livre sur les rêves lucides écrit par Olivier Cochet alors que votre cerveau, baigné dans un liquide nutritif, ne ferait que recevoir des décharges électriques voulues par un mégaordinateur quantique, lui-même relié à un autre ordinateur encore plus puissant. Le film *Matrix*, vous le voyez, n'a absolument rien inventé[1].

EFFECTUEZ DES TESTS DE RÉALITÉ...

... en vérifiant que vous n'êtes pas ce héros joué par l'acteur Jim Carrey dans le célèbre film *The Truman Show*, une histoire où le héros finit par réaliser qu'il est le héros d'une gigantesque émission de téléréalité filmée à son insu. Cette méthode, appelée « réflexive-critique » par le psychologue Paul Tholey, vous pousse ainsi à mettre en doute la réalité de votre environnement en observant mieux et de façon plus active tout ce qui vous entoure. Le soleil que je vois au-dessus de ma tête est-il réellement le soleil ou bien un immense projecteur posé par un machiniste, aidé par des câbles invisibles dernier cri ? Cette pelouse sur laquelle je marche, est-elle vraiment une pelouse ou un décor de cinéma composé de fils synthétiques mis à la hâte pour mieux me duper ? Ces réflexions, que

1. Rappelez-vous ce dialogue entre Morpheus (renvoyant par son nom au dieu des rêves) et Néo à qui on propose de choisir entre le rêve (pilule bleue) et la réalité (pilule rouge) : « Tu es dans la Matrice. Tu voudrais savoir ce qu'elle est, alors je peux t'indiquer la porte, mais toi et toi seul pourras décider de la franchir. Alors, que décides-tu ? Prends la pilule bleue et tout s'arrête. Après, tu pourras faire de beaux rêves et penser ce que tu veux. Choisis la pilule rouge et tu restes au pays des merveilles et on descend avec le lapin blanc au fond du gouffre. Mais n'oublie pas, je ne t'offre que la vérité, rien de plus. »

d'aucuns trouveront très farfelues, s'inspirent pourtant de textes bouddhistes, déjà évoqués dans la première partie de ce livre, poussant le méditant à accroître une attention poussée autour de son environnement afin de mieux porter ce dernier dans le rêve et induire ainsi la lucidité onirique.

CRÉEZ-VOUS DES RITUELS...

... qui vous feront plus facilement prendre conscience des futurs rêves lucides que vous serez en train de vivre. Le meilleur exemple à ce propos serait encore celui de Stephen LaBerge en personne ; à plusieurs moments de la journée, placez nettement votre main droite face à vous en fermant les yeux tout en disant : « Si je ne vois plus ma main lorsque j'ouvre les yeux, cela signifiera que je suis en train de vivre un rêve lucide. »

INVOQUEZ TOUTE LA JOURNÉE DES SYMBOLES QUE VOUS AIMERIEZ RETROUVER EN RÊVE

Munissez-vous de photographies, juste avant de vous coucher, pour bien vous imprégner de ces symboles qui rejailliront obligatoirement une nuit dans l'un de vos rêves. Ces balises que vous aurez posées vous mettront sur la voie et vous aideront à reconnaître les rêves lucides de ceux traditionnels.

SI VOUS LE POUVEZ, SAUTEZ UN TRAIN DU SOMMEIL...

... pour mieux pratiquer en lieu et place une activité calme ou de la méditation. Vos derniers cycles de la nuit seront ainsi plus conscients et davantage maîtrisés. En cas d'impossibilité, faites une grosse sieste l'après-midi. Votre sommeil du soir sera moins lourd et vous serez ainsi plus à même de prendre conscience de ce qui se passe durant vos cycles. La méthode de Stephen LaBerge baptisée MILD repose à peu près sur le même principe : elle vous incite elle aussi à vous réveiller très tôt dans la nuit puis, passé un état de veille d'environ 45 minutes, vous encourage à vous rendormir avec une visualisation et une autosuggestion en tête afin de vous souvenir de prendre conscience dans le prochain rêve.

UTILISEZ DES STIMULI EXTERNES PRÉENREGISTRÉS (LUMIÈRES, PAROLES, SONS, VIBRATIONS)...

... que vous serez capable de diffuser lors de votre phase de sommeil paradoxal. Cette diffusion vous permettra de vous rendre compte que vous êtes en train de rêver même si elle implique des outils suffisamment perfectionnés pour programmer à l'heure dite le stimulus de votre choix. Elle nécessite aussi une connaissance accrue de vos cycles de sommeil. Ces derniers étant d'une durée moyenne de 90 minutes (les 20 dernières étant réservées aux rêves lors de la phase de sommeil paradoxal), ce sera donc 70 minutes après votre endormissement que les stimuli devront être émis... puis toutes les 90 minutes suivantes jusqu'à votre réveil ! Le Britannique Keith Hearne utilisait la détection du changement de rythme respiratoire afin de déclencher un choc électrique léger au niveau du poignet. Stephen LaBerge, quant à lui, mit au point ses célèbres lunettes *Novadreamer,* capables de détecter les mouvements oculaires et d'envoyer des signaux lumineux. Ces gadgets, là encore, ne sont pas sans rappeler la chanson d'Édith Piaf (« *Non, je ne regrette rien* ») dans *Inception* de Christopher Nolan pour indiquer aux participants du rêve que celui-ci va se terminer. Si cette chanson dans le film est largement déformée et ralentie par l'état de sommeil que partagent les personnages, elle signifie bien que les rêveurs doivent vite revenir à la réalité, ne pas regretter leur rêve, et préférer quoi qu'il en coûte la réalité.

IMPORTANT

La dernière phrase que soulève ce dernier point est naturellement à mettre dans la tête de chaque onironaute susceptible de construire un jour ses premiers rêves lucides. La réalité, si elle peut faire l'objet de critiques et de sens divers, doit toujours être la destination préférée des rêveurs. On ne rêve que parce que l'on sait que l'on va se servir de ses songes pour mieux nourrir et embellir sa vie éveillée.

« Dans la vie, tu as deux choix le matin : soit tu te recouches pour continuer à rêver, soit tu te lèves pour réaliser tes rêves. »

Cherry Blossom

À travers tous ces conseils, votre fiche type pour construire vos premiers rêves lucides serait la suivante :

- **Cadre dans lequel je voudrais évoluer.**

Pourquoi ? En quoi ce décor va-t-il m'aider dans ma progression spirituelle ?

Qu'est-ce que j'ai mis en place, avec quelle(s) technique(s), pour parvenir à mes fins ?

• **Personne(s) que j'aimerais rencontrer/retrouver.**

Pourquoi ? En quoi ces individus vont-ils m'aider dans ma progression spirituelle ?

....

....

....

....

....

....

Qu'est-ce que j'ai mis en place, avec quelle(s) technique(s), pour parvenir à mes fins ?

....

....

....

....

....

....

• **Objets/compagnons/outils/ustensiles que j'aimerais avoir à disposition.**

Pourquoi ? En quoi ces outils vont-ils m'aider dans ma progression spirituelle ?

....

....

Qu'est-ce que j'ai mis en place, avec quelle(s) technique(s), pour parvenir à mes fins ?

Sur quelle(s) base(s) de rêves précédemment faits vais-je (re)construire mon scénario onirique ? Quel(s) détail(s), quelle(s) énergie(s), quel(s) passage(s) aimerais-je éviter/retrouver/transformer ?

Pourquoi ? En quoi tous ces éléments mis bout à bout vont-ils m'aider dans ma progression spirituelle ?

....

....

....

....

....

....

Qu'est-ce que j'ai mis en place, avec quelle(s) technique(s), pour parvenir à mes fins ?

....

....

....

....

....

....

- **Synthèse.**

Quelles sont mes attentes sur ce futur rêve lucide ? Ce que j'ai mis en place est-il à la hauteur de mes espérances ? Me suis-je bien assuré que mes aspirations étaient dignes et louables ? (Nourrissent-elles mon ego ou mon besoin de grandir afin de devenir une meilleure personne ?) De quel carburant psychique ai-je besoin pour y accéder le moment venu ? (Amour ? Amour-propre ? Connaissances supplémentaires ? Curiosité ? Soif d'aventure ?)

....

....

....

....

....

....

....

....

....

....

....

....

De manière générale, les premiers rêves lucides que vous parviendrez à faire (si vous avez solidement acquis en bon onironaute les outils qui précèdent) surviendront entre 8 à 12 semaines. Les premiers seront peut-être semi-lucides (la lucidité ne vous viendra que par à-coups), votre rôle sera peut-être également plus ou moins actif (il arrive qu'on puisse lucidement se savoir dans un rêve tout en subissant le scénario onirique dans lequel on évolue)... mais à force de courage et de volonté vous créerez les histoires et les mondes que vous méritez de vivre pour devenir la meilleure personne possible. Quels que soient vos résultats, n'oubliez pas l'avertissement que je vous avais lancé dans l'introduction de cet ouvrage : les différents chemins que vous emprunterez seront tout aussi importants que la destination qui vous conduira vers les sommets.

« Dans un voyage ce n'est pas la destination qui compte, mais toujours le chemin parcouru, et les détours surtout. »

Philippe Pollet-Villard

Ces sommets, ma patiente avec le rêve d'élève jouant avec sa trousse dans une salle de classe, les a trouvés par son premier rêve lucide, vécu quelques semaines seulement après notre dernière consultation. Voici le témoignage qu'elle a bien voulu m'envoyer :

| TÉMOIGNAGE DE MAËLLE SUR SON PREMIER RÊVE LUCIDE

« Je retrouve la salle de classe de mon rêve et, très vite, je regarde ma main droite. J'ai seulement quatre doigts, comme les personnages dans les Simpson, et en déduis tout de suite que je suis en train de rêver. L'excitation est telle que j'ai peur de me réveiller. Je me concentre un peu en fermant les yeux et tressaute juste ce qu'il faut pour voir ce qu'il y a au-dessus de la classe. Le moment est bref, mais je vois clairement un endroit céleste, avec plein de nuages qui flottent. Sur l'un d'eux, je me vois moi, comme si j'étais un MOI idéal, dépouillé et débarrassé de mes peurs et de mes pulsions. Nimbé de lumière, ce MOI idéal me dit : "Élève-toi chaque fois que tu peux. Je suis là."
Je me réveille, en nage, heureuse et bouleversée. »

D'autres témoignages de rêves lucides venus d'autres patients...

| TÉMOIGNAGE DE TRISTAN, 75 ANS

« Je suis à une fête foraine et je porte un ballon noir à hélium. Je marche longtemps parmi les manifestations festives avant de réaliser que ce ballon peut me soulever de quelques mètres avant de me faire atterrir chaque fois sur la terre ferme. Je me dis que si ce ballon a le pouvoir de gonfler selon mes humeurs, c'est que je suis dans un rêve. À peine ai-je le temps de formuler cette impression que le ballon se gonfle avec des cris de rage à l'intérieur. Je le relâche aussitôt en gesticulant de la main... là où il se collait si fortement contre ma peau dans les rêves qui précèdent. En le voyant s'échapper dans les airs, j'ai le sentiment de laisser partir mes peurs, mais aussi tous mes regrets qui m'ont si longtemps pourri durant mon existence. »

| TÉMOIGNAGE DE RAFIK, 20 ANS

« Face à la mer, je contemple l'horizon. Le ciel me semble tellement parfait, avec une musique angélique en toile de fond, que je me dis que je suis probablement en train de le rêver. Je formule une pensée difficile à mettre en mots : celle de donner à ce paysage le pouvoir de rentrer dans mon cœur s'il s'agit bel et bien d'un rêve. Lorsque je formule ce souhait, je sens – plus que je ne vois – une partie d'un rayon du soleil couchant se nicher au fond de mon cœur. Je me sens vivant et aimé. La sensation est absolument extraordinaire. »

CONCLUSION

Ici s'achève votre formation d'onironaute parti découvrir la richesse de ses mondes intérieurs par le philtre magique et enchanteur des rêves lucides. Dans *Le Grand Livre du rêve et de l'imagination*, recueil de réflexions qui a également ouvert cet ouvrage, l'un des auteurs nous dit :

« Les rêves lucides, jusqu'à ce jour, restent encore la meilleure façon de communiquer avec toutes les parties invisibles qui constituent notre véritable individualité. Prêts à vous guider et à vous murmurer les plus belles choses, souvenez-vous qu'ils sauront vous aider dans les choix à faire et vous redonner cette énergie que vous n'aviez jamais réellement perdue... puisque celle-ci était juste enfouie sous les strates successives que vous aviez déposées autour du cœur. Le silence ne sera donc jamais la conséquence de l'inexistence des mondes invisibles. Au contraire. C'est ce que vous avez barricadé en vous qui sera la cause de sa supposée inexistence. »

À ce propos, certaines personnes vous diront justement que *Le Grand Livre du rêve et de l'imagination* n'existe pas. Qu'il a été inventé de toutes pièces et que cette phrase, par conséquent, n'a jamais pu voir le jour. Si vous êtes vous-même un peu curieux, vous irez faire un tour sur Internet et vous aurez vraisemblablement toutes les peines du monde à en dénicher quelque trace...

C'est pourtant dans ce livre, issu de la grande bibliothèque de *La Maison des rêves,* celle-là même que partagent tous les onironautes expérimentés, que j'ai découvert ces fabuleux propos[1].

Alors quoi ?

Suis-je un trop jeune auteur immature, incapable de discerner le rêve de la réalité ? Un sage allant chercher des réalités alternatives dans les différentes histoires que lui offrent les rêves qu'il se crée consciemment dès que cela est possible ?

Ou bien un peu des deux ?

Pour en débattre, si vous voulez vraiment le savoir, je vous propose de venir me rejoindre dans le salon de cette bibliothèque. Nous y explorerons les perspectives que nous donne l'avenir afin d'ensemencer et d'aimanter les versions les plus inspirantes. Nous recolorerons également le passé pour prendre en lui ce qu'il a de meilleur.

Venez en toute sérénité.
Je vous attends.
De nouveaux rêves lucides et collectifs pourront enfin commencer...

À très bientôt

1. Voir à la p. 73 de cet ouvrage.

MINISTÈRE

DIPLÔME D'ONIRO

Je certifie que ....
qui a lu ce livre, a en son âme et conscience effectué tous les exercices demandés.

Il/elle peut à présent nous rejoindre dans les rêves pour recolorer le monde et préparer ce dernier aux défis qui l'attend...

Olivier COCHET

DES RÊVES

NAUTE CERTIFIÉ

GLOSSAIRE

Anima : selon Jung, représentation féminine au sein de l'imaginaire de l'homme.

Animus : selon Jung, représentation masculine au sein de l'imaginaire de la femme.

Ça/moi/surmoi : il s'agit là des trois instances psychiques développées par Freud compartimentant l'inconscient. Le « ça », est le siège des pulsions les plus refoulées ne pensant qu'à assouvir sans aucun souci de morale ce que lui dicte son instinct. Le « surmoi » est la partie qui censure les informations qui lui sembleraient choquantes. Dans cet entre-deux se trouve le "moi", directement lié à la conscience et au monde réel. Écartelé par ces 2 instances, il souhaite désespérément contenter tout le monde en sachant bien que sa tâche est vouée à l'échec. De ce constat Freud aimait à dire : « *Le "moi" n'est pas maître dans sa propre maison.* »

Freud (Sigmund) : neurologue autrichien (1856-1939), il deviendra le fondateur de la psychanalyse, mettant à jour le concept d'« inconscient » qui renouvellera grandement l'interprétation des rêves.

Jung (Carl Gustav) : médecin psychiatre (1875-1961), cofondateur de la psychanalyse. On lui doit les concepts d'« animus », d'« anima », d' « ombre » et de « persona », mais aussi d' « inconscient collectif ».

Inconscient : renvoie à tout ce qui échappe à la conscience. Selon Freud, il s'agirait d'une partie de nous où siégeraient toutes nos pulsions enfouies et refoulées. Selon Jung, le terme est associé à l'expression « inconscient collectif », renvoyant à l'imaginaire commun de l'humanité et qui influence (voire parfois conditionne) les représentations individuelles et collectives.

LaBerge (Stephen) : psychologue américain, précurseur dans l'étude scientifique du rêve lucide, initiée lors de son doctorat en psychophysiologie à l'université Stanford, en 1980.

Ombre : selon Jung, partie de nous qui ne se connaît pas et dont l'existence même est, par essence, fortement ignorée, à l'inverse du persona.

Oniromancie : art divinatoire utilisant les rêves pour mieux comprendre le passé ou prédire l'avenir.

Onironaute : rêveur actif se servant de ses rêves pour mieux aller explorer les terres inconnues nichées dans sa psyché, individuelle comme collective. De ses voyages, il découvre et prépare les idées de demain.

Onirothérapie : utilisation et développement de la pensée onirique dans un but thérapeutique. La technique fut d'abord utilisée en psychiatrie, initialement développée par le psychiatre Roger Frétigny et par le docteur en psychologie André Virel. Cette discipline est aujourd'hui utilisée dans tous les domaines du soin.

Persona : selon Jung, il s'agit du personnage conscient que nous projetons dans le regard des autres, à l'inverse de l'ombre.

Psychanalyse : méthode psychologique permettant de sonder l'inconscient afin de mieux comprendre les mécanismes par lesquels ce dernier nous conditionne.

Rêve : production psychique survenant pendant le sommeil, et pouvant être partiellement mémorisée. L'origine de cette production, selon les époques et les croyances, peut naturellement prêter à différentes interprétations.

Rêve éveillé : mise en place dès les années 1930 par le psychothérapeute français Robert Desoille, il s'agit là d'une méthode permettant au rêveur de revenir dans un rêve et de le conclure de façon satisfaisante.

Rêve lucide : rêve durant lequel le rêveur a conscience d'être en train de rêver. De cette prise de conscience, le rêveur accédera à une meilleure connaissance de lui-même et pourra ainsi mieux explorer ses contrées intérieures en exploitant à bon escient ses nombreuses capacités, plus ou moins enfouies.

Soi : selon Jung, partie de nous dépassant notre conscience et acceptant une forme de connexions avec les mystères des mondes invisibles.

Sommeil paradoxal : connu également comme le sommeil REM (Rapid Eye Movement), en raison de fréquents mouvements oculaires rapides sous les paupières fermées, il fait suite au sommeil lent, et constitue le cinquième et dernier stade d'un cycle du sommeil. C'est lors de cette phase que chaque personne se met à rêver.

INDEX

REMERCIEMENTS

Un immense merci à ma femme, à la famille et à tous mes patients me confiant chaque jour leurs rêves.

Je remercie également chaleureusement les éditions Secret d'étoiles pour m'avoir fait confiance dans cette aventure. Je pense, en ligne de mire, à Ludmilla Guillet, toujours là pour m'encourager, y compris dans les moments de doute. Je n'oublie pas non plus toute l'équipe gravitant autour d'elle : Élisabeth Pegeon, directrice éditoriale de Secret d'étoiles, Julie Mathieu, directrice artistique, Alba Bastida, Véronique Sommeilly...

Comme à chaque fois, toute ma gratitude va aussi aux formateurs qui ont su m'initier à l'art délicat de l'hypnose, du rêve lucide et de toutes les autres formes de thérapies brèves (Olivier Lockert, Jean-Paul Dumas, Alain Thiry, Axel Bourgais, Olivier Saint-Pierre et Éric Bessonne). Un merci particulier à Tristan Moir qui m'a quasiment tout appris.

Merci à Séverine Tasset, une de mes collègues onironautes qui a relu le manuscrit. Merci à Gaby Grange pour la composition de la musique ainsi qu'à Roxane Le Saux (@_oineko_) et Éloïse Bernelin (@elomissdessin) pour avoir su mettre en images l'ensemble de cet ouvrage en un temps record. Je vous livre leur compte Instagram si vous voulez voir leur univers respectif. N'hésitez pas à y faire un tour.

RÊVE
lucide

BIBLIOGRAPHIE

BIBLIOGRAPHIE SÉLECTIVE

Si le monde des rêves vous intéresse, je vous recommande chaudement la bibliographie suivante :

ANONYME,
Le Grand Livre du rêve et de l'imagination,
Éditions Oniris.

BACHELARD Gaston,
L'Air et les Songes : essai sur l'imagination du mouvement, Le Livre de poche, 1992.

BACHELARD Gaston,
L'Eau et les Rêves : Essai sur l'imagination de la matière, Le Livre de poche, 1993.

BETTELHEIN Bruno,
Psychanalyse des contes de fées, France Loisirs, 1977.

BOGDAVOV Slavica,
La Loi de l'attraction : mode d'emploi,
Éditions Jouvence, 3e édition, 2018.

BRADEN GREGG,
La Divine matrice, J'ai lu, 2017.

CASTANEDA Carlos,
L'Art de rêver. Les Quatre Portes de la perception de l'univers, Pocket, 1996.

CHEVALIER Jean et GHEERBRANT Alain,
Dictionnaire des symboles,
éditions Robert Laffont, 1997.

CROCQ Louis,
Guérir par le rêve : L'onirothérapie depuis l'antiquité jusqu'à nos jours, L'harmattan, 2017.

DESOILLE Robert,
Exploration de l'affectivité subconsciente par la méthode du rêve éveillé, Éditions d'Artrey, Paris, 1938.

DAUDET Léon,
Le Rêve éveillé, Éditions Bernard Grasset, Paris, 1926

DORN Françoise,
La Magie des synchronicités, Éditions Jouvence, 2019.

FAESSLER Marc,
Le Rêve : l'« autre scène » du livre de la Genèse,
éditions Labor et Fides, 2017.

FORTIN Carole,
Rêves prémonitoires, Éditions Flammarion Québec, 2005.

FRÉTIGNY Roger et VIREL André,
L'Imagerie mentale : introduction à l'onirothérapie,
éditions du Mont-Blanc, Genève, 1968

FREUD Sigmund,
L'Interprétation du rêve, Points, 2013.

HARNER Michael,
La Voie du chamane, Mama éditions, 2014.

JOSSE Evelyne,
Le Pouvoir des histoires thérapeutiques,
Éditions Desclée de Brouwer, 2007.

JOUVET Michel,
Le Sommeil et le Rêve, Odile Jacob, 2000.

JUNG C. G,
L'Homme à la découverte de son âme,
Albin Michel, 1987.

JUNG C. G,
Le Llivre rouge, Les Arènes, 2011.

LOCKERT OLIVIER,
Hypnose, Édition IFHE, 2013

MOIR Tristan,
L'Interprétation psychanalytique des rêves,
L'Archipel, 2014.

MOIR Tristan,
Le Nouveau Dictionnaire des rêves, L'Archipel, 2015.

MOIR Tristan-Frédéric,
Mieux se connaître grâce à ses rêves,
Marie-Claire Éditions, 2018.

MOSS Robert,
Les Trois Clés cachées : rêves, coïncidences et imagination, Éditions Guy Trédaniel, 2010.

MOSS Robert,
Les Portes du rêve, Éditions ADA, 2011.

MOSS Robert,
Le Rêve actif : voyage au-delà des pensées limitantes vers la liberté, Véga, 2013.

PERROUD David,
Les amants du ciel se retrouvent toujours ici-bas,
Éditions Jouvence, 2020.

PERROUD David,
Les Âmes du temps perdus, Éditions Jouvence, 2021.

ROMEY Georges,
Le Rêve éveillé libre, Albin Michel, 2001.

ROSSELET-CAPT Mireille,
Rêves et Intuition, Éditions Jouvence, 2016.

THICH NHÂT HANH,
Prendre soin de l'enfant intérieur, éditions Pocket 2015.

VAN CAUWELAERT Didier,
Dictionnaire de l'impossible, Éditions Plon, 2013.

VAN CAUWELAERT Didier,
Le Nouveau Dictionnaire de l'impossible : expliquer l'incroyable, Éditions Plon, 2015.

VAN EERSEL,
Le Cinquième Rêve, Le Livre de poche, nouvelle édition, 1997.

WERBER Bernard,
L'Encyclopédie du savoir relatif et absolu,
Albin Michel, 2018.

SITOGRAPHIE SÉLECTIVE

http://wikireve.fr/

http://tristan-moir.fr/dictionnaire-des-reves/

MUSIQUE POUR RÊVE LUCIDE

https://www.youtube.com/watch?v=GCwKwGgGH3E

Crédits iconographiques
Couverture : Shutterstock
Les illustrations sont de Roxane Le Saux, (@_oineko_)
et Éloïse Bernelin (@elomissdessin)

Direction : Guillaume Pô
Direction éditoriale : Élisabeth Pegeon
Édition : Ludmilla Guillet
Préparation de copie : Alba Bastida
Relecture : Nathalie Billaut
Direction artistique : Julie Mathieu
Mise en pages : Véronique Sommeilly
Direction de fabrication : Thierry Dubus
Fabrication : Florence Bellot

PEFC
PEFC/18-32-94
Certifié PEFC
Ce produit est issu de forêts gérées durablement et de sources contrôlées
www.pefc-france.org

Ce livre a été imprimé avec des encres végétales, sur du papier PEFC™ issu de forêts gérées durablement. L'imprimeur collecte et élimine ses déchets dangereux auprès de collecteurs agréés, n'utilise pas de produits toxiques et s'engage à être le moins énergivore possible. Par le choix de ses fournisseurs et par ses actions quotidiennes, les éditions Secret d'étoiles s'engagent à diminuer leur impact écologique.

Achevé d'imprimer en février 2023 par Rotolito (Italie).